Han Meimay

韩梅梅 /著

一个不会离开的男人

北方妇女儿童出版社

相爱容易

相 处 不 难

目录

000 男人是什么   1
- 001 | 一个心理成熟的女人，知道自己想要什么   5
- 002 | 开阔眼界，过有胆识的人生   7
- 003 | 善良的女人   9
- 004 | 如果你喜欢一个男人，要相信自己配得上他   12
- 005 | 像父亲母亲那样去恋爱   15
- 006 | 先做朋友，再做爱人   17
- 007 | 你和你的朋友   20
- 008 | 遇见这样的男人就嫁了吧   23
- 009 | 笑比哭好   26

010 容易满足，简单快乐   30
- 011 | style是什么   32
- 012 | 不要刻意去做豪放女   34
- 013 | 孤独是迷人的   36
- 014 | 学点什么   38
- 015 | 优雅   40

016 让人记住你,而不是记住你穿了什么　　**42**

017 | 没有安全感的人　　**46**

018 | 男人害怕悲情女人　　**49**

019 | 如果他不主动联系　　**51**

020 | 如果他告诉你,他在忙。
　　　那是真的在忙,不要想多了　　**55**

021 | 闲时读点儿中国好文字——"古诗"　　**59**

022 | 家有密友　　**61**

023 | 妒忌他的过去,等于毁掉了你们的现在　　**64**

024 | 老哄你,我累了　　**69**

025 别人的恋爱模式,不一定适合你　　**71**

026 | 送他一个什么礼物好呢　　**74**

027 | 他真的在乎你有多胖吗　　**77**

028 | 不要投入太深　　**80**

029 | 言传身教,让他对你好　　**82**

030 | 有些事,忍一忍就过去了　　**86**

一个不会离开的男人

031 男人的自尊心 — **89**

- 032 | 你真好 — **93**
- 033 | 穿什么睡 — **95**
- 034 | 正儿八经出去吃一顿 — **97**
- 035 | 你喜欢看他吃醋 — **100**
- 036 | 喋喋不休让他脾气变大 — **104**
- 037 | 有些话，一说出口，就再也收不回来 — **107**
- 038 | 好怕你闹情绪 — **110**
- 039 | 不要认为你要什么，他"应该知道" — **114**
- 040 | 神经大条一点儿好吗？女人 — **116**

041 你应该有一份自己的事儿做 — **120**

- 042 | 与你们的问题和平共存 — **123**
- 043 | 信任他 — **125**
- 044 | 对他母亲好，就是对他好 — **130**
- 045 | 即便确定他永远爱你，也要经常打扮自己 — **134**
- 046 | 关于SEX的1234…… — **138**

047 很多事情,看似理所当然,其实是努力的结果 **140**
- 048 安静下来 **144**
- 049 抛下他,去旅行 **146**
- 050 扩大你的视界和心胸 **149**
- 051 适时"露一手" **151**
- 052 不要怕老 **154**
- 053 快乐而理性地花钱 **157**
- 054 他变了,好正常 **162**
- 055 只要略施小计,就能轻松保持美丽 **165**
- 056 会收拾房间的女人最可爱 **167**

057 拥抱不是越多越好 **169**
- 058 永远不要喝个烂醉 **171**
- 059 小题大做 **174**
- 060 让他理解并陪你度过生理性狂躁 **177**
- 061 很高兴为你服务,先生 **179**
- 062 升级你们的生活 **181**

一个不会离开的男人

063	乐观积极的态度，可以传染给他	183
064	玩够了就回来	186
065	当男人焦虑时	189
066	不要假装开明	193
067	有些人，过去了就是过去了	197
068	只有很少一部分事需要透彻讲理，大多数事需要糊涂和包容	199
069	他再强，你都不要丢掉自己的工作	202
070	一颗高贵的心	205
071	无可替代的女人	207

072	不要晒幸福	210
073	帮帮忙咯	212
074	不要假装坚强	214
075	一段认真的关系	216
076	男人最害怕的举动	218
077	他还在乎我吗	219

078	男人天生爱犯错	222
079	立志让自己赏心悦目	224
080	不懒就不丑	227
081	恋爱记事本	229
082	两个人,以温柔优雅的态度生活	231
083	别怕,柴米油盐不会埋葬你	234
084	一辈子对你好	236
085	爱你的与众不同	238
086	分享彼此家庭的往事	241
087	共同的计划	243

088	我愿意为你付出	246
089	"认真交往"还是"逢场作戏"	248
090	爱情的样子	250

000

男人是什么

> 被爱的对象，多情的冤家。

男人是什么？
怎么去形容？
胡须，喉结，肌肉。力量，勇气，诺言，精力，权威。
暴力，侵略，酒精，烟草。
征服欲的。
温柔的。
深情的。使人振奋的。
宽容的。
被爱的对象。
多情的冤家。

男人是那种,你躺在他怀里会感觉很好的东西。
男人可以用来好奇地张望,
用来拥抱。
一种无法替代的温柔,让人激动。
男人是用来证明爱情的东西。
经过千万次的研究和分析,还是不太懂的东西。
他们说出"我爱你"的频率要远远少于女人。
在女人发火的时候,他们总是沉默不语。
讨厌吵架。害怕纠缠。
有时候宁愿被拒绝,也不愿被讨好。
喜欢快乐。
容易情不自禁。
取悦你必有目的。
害怕太亲密的关系。
粗暴起来有快感。
不喜欢倾诉。
不愿意费尽脑筋去猜你的心思。
讨厌别人告诉他该怎么做。
对温柔的声音很敏感。

受尊重，比被爱更重要。
也有虚荣心的东西。
比我们所想的更渴望安定。
有嫉妒心。
讨厌说话被人打断。
讨厌在公共场合吵架。
对"漂亮"有多重标准。
比女人更害怕被欺骗。
没有自制力。
记性不好，所以不要奢求他记得你们所有的重要日子。
男人是不认节律的。

女人喜欢男人，喜欢给自己带来快乐、痛苦和不幸的男人。
女人喜欢能给她强烈刺激的男人。
女人喜欢被言语打动，被双手抚摸。
在无声中，在喊叫中，在寂寞里。

最动听的话，莫过于一句：到我怀里来！

001

一个心理成熟的女人，知道自己想要什么

> 成熟的女人开朗、快乐，会主动安排自己的生活。

如果要给成熟一个定义的话，我认为，成熟的女人，一定是理性的，让自己活得好的女人！

一个成熟的女人，思考问题、说话做事，一定会合理合情。

但我们也见到过，有的女人四五十岁了，说话做事还像十岁的小孩：任性，不讲道理；遇事退缩极端，爱钻牛角尖，总是自怨自艾。

心理不成熟不是一种病，但它会让你活得不好，甚至还会让你身边的人受到影响。

一个成熟的女人，看问题清晰透彻。

尽管有压力，但是没有"包袱"。

她从来不会有一点儿不顺心就吃不下饭，睡不着觉，烦

躁焦虑。

她用友好的态度面对每一个人。

成熟的女人开朗、快乐，会主动安排自己的生活，走出窄小的天地，去学习、旅行，不断改变自己的旧观念并开阔眼界、心胸。

不成熟的人，不知道自己想要什么样的生活，更不知道如何去做。而成熟的女人就相反。

一个成熟的女人懂得"随遇而安"，当她和他一起去旅行，住得了五星级的大酒店，也能睡硬木板床的青年旅社。下班了，和同事在路边站着吃两串羊肉串，也不会觉得难为情。

成熟的女人不管在单身时，还是结婚后，都知道拥有"自己的生活"。她能够在各种角色中，负起责任。生活中必然有各种难处，她会清楚地知道：这是我自己的选择，所以没必要怨天尤人。

很多女人天性争强好胜，把面子看得比爱情重要，所以，在和他人有矛盾的时候，总是放不下身段来先说一声对不起。成熟的女人，是会先低头的。事实上，一句服软的话，就能马上消减剑拔弩张的气氛，不管是在怎样的气头上，只要有人示弱，就怎么也吵不起来。

成熟的女人懂得智取，不蛮争，这其实也是一种以退为进。

成熟的女人情绪稳定，极少发飙。

她知道什么时候该撒娇，什么时候该懂事。

她非常善于听取别人的经验，来完善自己。

002

开阔眼界，过有胆识的人生

> 没有胆识的女人，永远生活在自己的幻想里和蒙昧的世界中。

如果此时此刻，要你谈一谈对生命、对自我、对情感的态度，你会怎么说呢？

五年前你所向往的一种生活，现在是不是已经过上？

经过了年轻时的蒙昧岁月，我渐渐懂得了，对女人来说，有两样东西特别重要：

眼界和胆识。

有眼界的女人和没有眼界的女人的区别：没有眼界的女人永远在看自己，看自己脸上是不是又长痘痘了，又胖了半斤，今天是不是漂亮；有眼界的女人，早就知道了，青春易逝，她早已不为此苦恼，她知道如何修炼内心来抵抗。

有胆识的女人和没有胆识的女人的区别：那些看起来是遥远的人

生，有胆识的女人，把它变成了现实！而没有胆识的女人，永远生活在自己的幻想里和蒙昧的世界中。

眼界宽了，你会有自己的能力和胆识，你会清楚地知道自己要什么。

有眼界的女人，基本上没有太多崇拜的明星名人，她有欣赏的对象，但不会狂热地追逐。

有眼界的女人，用出发去体会世界有多大，有多美。

有眼界的女人一定会花时间来看看书。

我身边的女人们，看书太少，一味上网，甚至连报纸都很少看。

相同的时间，是用来看肥皂剧、刷微博，还是用来看书，或者地理杂志，你如何取舍？

在男人眼里，大多数女人缺乏独立思考和判断能力。常看书的女人知识丰富，谈吐不俗，让人刮目相看。

但是她做这一切，不是为了得到他的认可，而是为了自己。

胆识，是修炼出来的，是一点一滴积累起来的。

先是对生活的认知，是思考，然后是大胆地迈进。遇到各种问题，用成熟的、智慧的方式去解决。

遇到的困难阻险越多，得到的修炼越多。到后来，不管遇到什么问题，都会比较容易得到解决。

003

善良的女人

> "感同身受",让我们走得更近!

一个善良的女人,看着他人受罪,她会流泪。

当我看一部影片哭得稀里哗啦时,我的爱人会把手放在我的肩膀上。那一刻,我体会到一种无言的默契,在我们中间传递。

当他掏出两块钱,递给路边的乞丐,我会从心里觉得温暖。

"感同身受",让我们走得更近!

人生在世,有人苦,有人乐,有人幸,有人不幸。

看看那些受苦的人,我们会更懂得满足和珍惜。

不要总是忙着自己享受生活,而是要看看能为他人做些什么。

有时候,可能只是点击一下微博,帮走失孩子的焦急父母转发一下。

给冬季受冻的山区孩子寄两件衣服。

为不公平奔走呐喊。

勇敢扶起摔倒的老人。

抱住一个痛哭的朋友。

用一段时间,去参与一个没有报酬的工作,去做义工,为这个社会,奉献一点儿自己微薄的力量。

为他人奉献和服务,自己也会收获内心的富足与甜美。

善良的女人能够设身处地地感受别人的感觉,站在他人的立场思考问题,能够包容与理解他人。所以,她的朋友也会更多。

仁慈,温柔,有耐心。

一个善良的女人,会有福报,至少她会珍惜自己所拥有的当下人生。

004

如果你喜欢一个男人，
要相信自己配得上他

> 一个内心不相信自己的女人，即便与男性建立了恋爱关系，也会在这段关系中，处于不平等状态。

要相信，你能得到的，都是你有资格拥有的。
如果你喜欢一个男人，你一定要相信自己配得上他。
这是你们平等恋爱的最大前提。

但是，生活中，总是能看到一些不自信的女孩子，缺乏自我的价值感，软弱、悲观，既想拥有美好的东西，又战战兢兢、惶恐不安。
这样的女孩子总是在无助中彷徨。
她遇见了一个令自己心动的男人，对方已经给了她一张名片。
但她总是拿着名片，看了又看，一再哀叹。
她内心已经迫不及待了。
但是，她内心深处，有个声音在对她说：他太优秀，也许你配不上他；也许，他给你名片，只是出于礼貌，或者是为了工作需要。

她宁愿说服自己，说自己配不上他，也不愿意鼓起勇气给他打一个电话。

女人，有时候，会太相信自己的直觉。

而直觉，经常会出错。

而那个男人，其实也在等她的电话，不敢贸然去追她。

一个内心不相信自己的女人，即便与男性建立了恋爱关系，也会在这段关系中处于不平等状态。

她会觉得他比自己优秀好多。

她会处处讨好他，放低自己。

这样的结果，只会让他变得骄傲，越发不珍惜她。

所以，不管你是谁，一定要相信自己，配得上得到一个优秀男人的爱。

这不是想入非非。

上天是公平的。

你能得到的，就是你应得的。

赶快去争取。

赶快去珍惜。

005

像父亲母亲那样去恋爱

> 无限的感恩，都应该给这个陪了你半生的人。

有可能看起来过时和老套了，但父母那一辈人的爱情，是如此平淡而真实。

两个人，从陌生人变成至亲的人，携手走过几十年，风风雨雨，相濡以沫。其中多少坎坷艰辛，多少次差点儿分手，经历了许多，才知道"珍惜"是什么。

细细体会，因为人只有一辈子，所以，无限的感恩，都应该给这个陪了你半生的人。

01 — 认定了你，就是你了。
02 — 从不把"我爱你"挂在嘴边，但我知道：那是爱。
03 — 踏踏实实跟你过日子。

04 — 从不当众亲热，最多只是把手重重搭在你的肩膀上。

05 — 买菜的时候，不管你爱吃的东西有多贵，也给你买。

06 — 每晚在固定的时间，烧一壶滚烫的热水，供我们洗脚。

07 — 在你出差回来的那天，桌上的菜总比平时要多出两个。

08 — 你洗碗的时候，我擦桌子。

09 — 看见打折的衣服，总想给你买两件。也有打折的女装，但很少给自己买。

10 — 你加班时，偶尔去你办公室陪你。

11 — 把两个人的信件捆起来，放在家里最重要的位置。

12 — 你回来得很晚，我先睡了，给你在客厅留一盏灯。

13 — 半夜起来煮夜宵吃。

14 — 两个人醒来以后，聊梦。

15 — 讲起彼此小时候的故事，乐个不停，尽管已经讲过很多很多次了。

16 — 帮你记住一个很重要的时间或者事情，在你忘记的时候，提醒你。

17 — 戴着婚戒洗碗。

18 — 吵完架，第二天还是把你的衣服给洗了。

19 — 对你的父母、兄弟姐妹无微不至地关心。

20 — 看见你给孩子买糖，心里觉得好甜蜜。

21 — 饱含热泪，却被一句话逗笑。

22 — 你犯了大错，流泪之后，选择原谅。

23 — 老了一起逛公园。

24 — 我唠唠叨叨，你就像没听见一样。

25 — 孩子们都离开家了，打电话给孩子说：多给你爸打电话……

006

先做朋友，再做爱人

> 真正伟大的友谊是经得起考验的。
> 爱情，却脆弱无比。

我搬到这个小城市以后，渐渐有了自己的朋友圈和固定的好友。我们经常相约去某个朋友家做饭，或者去酒吧看演出。

我发现，不管是大城市，还是小城市，都有一个现象：男人出来玩，都不爱带自己的女朋友或者老婆。问他为什么不带，他会说，她有事或她要带小孩。有的干脆直言，不带她！带她出来就不好玩了！

但有一对情侣，小赵和小叶，他们不一样，总是成双成对出现，跟大家玩得高兴！他们从来不当众起腻，最多说到开心处，小赵举起拳头，往小叶肩膀上捶一拳！

大家走的时候，小叶最喜欢把手搭在小赵肩上，两个人说说笑笑，就像哥们儿一样并肩前行，那种亲密感，真是比手拉手要深厚多了！

有时候，大家聊起一些流氓的话题，男友小叶总是跟着大家津津乐道，我们都感到紧张，使眼色给他，意思是：你女朋友在呢！

小叶看小赵一眼，轻轻说了一句：没事。

小赵也跟我聊过，她说，他们的关系，就是朋友那样的。

她说：有时候，我真的感觉他就是我的好哥们儿。这样的感觉，让我们能放下伪装和紧张。我们什么都能跟对方说，而不用担心他会不会小气。我们惺惺相惜，又保持分寸。有些事情，如果站在恋人的角度，就很严重，比如，他很晚才回家，作为女朋友，我就会紧张会追问，但是如果把自己当作他的朋友，那我会怎么办呢？肯定，就不会咄咄逼人地追问了……

我一直觉得，男人和女人在一起，一定要有友谊做奠基石，关系才会长久。

真正伟大的友谊是经得起考验的。

爱情，却脆弱无比。

爱情不是最伟大的，我们所看见的伟大的爱情，都是因为有友谊在其中。

当我们和朋友相处时，能放下压力与戒备，很放松，不受约束，想聊什么就聊什么，也不用刻意去取悦谁。

真正的朋友，是相对独立的两个人。

真正的友谊让我们做回自己。和朋友相处时，我们会分得很清楚：他是他，我是我。但恋爱时，我们总是在不断强调：我们。

爱情，有时会让我们有迷幻的感觉，难免去美化对方、迷恋对方。而友谊中,迷恋的成分很少。

理解与支持,是友谊和爱情的共同点。不管是朋友,还是爱人,都会这么做。

友谊,要比爱情更牢固。那是因为,让两个好朋友互相吸引的,恰好是彼此的独特性;而两个人的差异,又恰恰是爱情脆弱的原因。

两个人如果先是朋友,再是爱人,就会很好地接受和欣赏对方的"不同",解决这个难题。

友谊,是一种很纯粹的感情,哪怕只付出,没有回报,也不会招致怨言。因为朋友之间,还有"义气"在里面。

如果两个恋人之间大吵的时候,能转念想想:这样做是不是太没义气了。这样马上就能消除怒火,一笑了之。

不是每个女孩子都能做到和恋人做朋友,这需要智慧与修炼,更需要有独立的人格基础,以及放弃自私自我。友谊和爱情的切换转移,也需要智慧,仅仅一味强调友谊,那也是不够的。

007

你和你的朋友

> 情人会分手,朋友一直都在。

即便你有了男朋友,你也一定要有自己的朋友。
不要因为有了"他",把"他们"都疏远了。

下班了,叫上两个朋友到餐馆聚一聚。
去她家里盖着毯子看场电影。
两个人分享一袋薯片。
用一个勺子在西瓜里剜着吃。
在你所有的时间里面,有一块,一定要属于你的朋友。

女人需要朋友吗?

答案是一定的。

离开学校以后，朋友渐渐少了，或者疏远了。

你找到了男朋友，但他不一定能容忍你的一切。

而真正的朋友，是一辈子。

所以，你得有自己的友谊。

在你悲伤、迷茫、受挫、脆弱、伤心、自卑、失恋的时候，你首先会想到她。不管是一起长大的发小，还是昨天刚见面就心心相印的人，有他们的存在，你会觉得安心，不孤独。

吃好吃的东西，你会想到她。

到一个风景好的地方，你会遗憾她没和你一起。

你犯错了，她一定会包容你，原谅你。

你伤心了，她一定会安慰你。

千万不要因为有了男朋友，就马上疏远了好朋友，甚至消失在朋友圈。

不要想：有了他，就足够了。

你有爱人，同时也有朋友，你的爱人会觉得，啊，原来她是一个很受欢迎的人啊！

谁说一茶一饭的朋友，就不是真朋友？

如果有一个人，在你想上馆子的时候，随叫随到，陪你吃，你就是一个幸运的人！有了自己的朋友、死党，你会有另外一个生活圈，才不会整天都和他腻在一起。两个人适当地留出属于自己的空间，才不会烦。

有了自己的朋友，不开心的时候，可以和朋友倾诉，就不会把自己的烦恼全都倒给另一半。

你的每一个朋友，她们身上都有很多优点，要抱有欣赏之心，看看她的魅力何在。对朋友要懂得欣赏，给她真诚的赞扬，互相学习，多聊些衣服、化妆品之外的话题，大家互相扶持、帮助，也许在事业上，也会拓宽自己的路子。

能够陪你慢慢变老的，不只是爱人，还有你的朋友。
情人会分手，朋友一直都在。
有时候，一个男人会因为你没有接他的电话而生气，但朋友不会。
我曾经听过这样温暖的话：如果你四十岁还没嫁出去，我们就一起过。

女人，有时候也需要"女朋友"。那是男人不能替代的。
但是和女人交朋友的时候，要克服掉小心眼儿的毛病，要坦诚宽容。
我有个要好的男性朋友，他找女朋友的标准，就是看她有没有要好的女朋友。"能和女人处得好的女人，一定性格很不错！"

不要把你自己全部奉献给爱情。
别忘了你还有朋友。
同时，也别忘了善待他的朋友。

008

遇见这样的男人就嫁了吧

> 遇见他以后,你突然失去了再去寻找其他男人的欲望。你心甘情愿地对他一心一意。

当你遇见一个男人,感觉跟他在一起很轻松。

如果你感觉在他的怀抱里很舒服,并且这种感觉可以维持很久。

你们能吃到一块,玩到一块。晚上睡觉互不干扰。

没有什么刻意的惊喜,有时候,你只是看着他的背影,觉得这个人很好。

一些微不足道的小事,因为和他在一起,变得更有趣了。

他没有花言巧语,许下的诺言都是说到做到的。

有时候他会伤害到你,但他一定不是故意的,并且为此不安、难过。

你生病的时候,他一定在你身边照顾你。

你靠着他肩膀的时候,心里觉得特别踏实。

在你困难的时候,他毫不犹豫拿钱出来帮你。

激情退却以后，仍然喜欢着他。
认识他以后，生活一下子变得很充实。
跟他在一起的时间过得好快。
他把他的好多秘密都告诉了你。很多话都愿意跟你说。
你喜欢的电影、音乐、小说，好多他说他也喜欢。
话才说一半，他已经明白了。
对彼此有欲望。
就算知道你在说气话，他也用沉默来包容你，而不是和你吵。

遇见他以后，你突然失去了再去寻找其他男人的欲望。你心甘情愿地对他一心一意。

遇到这样的男人，就嫁了吧。

009

笑比哭好

> 告诉你一个真相吧！尽管女人楚楚可怜、梨花带雨的样子很可爱。但是，他们还是喜欢和快乐洒脱的女人在一起！

先来看一个男孩在网络上的求助帖：

她的性格我现在有点受不了了！我和她谈了一年多，从认识的时候，她就超级爱哭，看日剧经常哭得稀里哗啦……平时不管碰到个什么挫折或不高兴的事，或者不小心擦破了点儿皮都会哭上半天。

上次跟她几个好朋友聚餐，她坐在餐桌上突然落泪，弄得她几个朋友以为我欺负她，手忙脚乱地安慰之后，她指着桌上的片皮鸭，说："突然觉得它好可怜啊，从来到这个世界就没有自由，最后还成为我们的食物……"让我们一群人无语。

我很爱她，可经常这样……说心里话，我也有点儿不耐烦了……

再来看一个女孩在网上发的求助帖,标题很哀伤:

"他不要我了!"

分手的原因很简单:她每天下班,他都去地铁站接她,但是那天,他因为要在电脑前处理工作,事情烦琐,就忘记了。

这下可好,女孩觉得他不再像过去那么爱她了,就开始哭。

这一哭,就是一个小时。

哭够了,她就睡了。

但是第二天,男孩提出了分手。

他说:看你哭,我太心疼了!我不想看你哭,那样我会因为给你带来伤害而一直生活在自责里……

这样的分手理由,又让这个女孩在家里哭了整整一个星期。

这个女孩,把女人特有的温柔武器用过了!

她忘记了,有时候,眼泪是一种负担。

你第一次掉眼泪,他可能会疼惜地拥你入怀。

第十次,可能就不一样了。

告诉你一个真相吧!尽管女人楚楚可怜、梨花带雨的样子很可爱。但是,他们还是喜欢和快乐洒脱的女人在一起!

男人其实挺怕女人哭的。

有时候,女人掉眼泪,是希望男人能来哄一哄。

但有时候,越哄,眼泪越多。

他会彻底失去耐心。

谁也不愿意每天面对一双泪眼。每天工作那么累，回到家还要强打精神去哄你。

再说为了一点儿小事就哭。

就算哭，也要知道适可而止，不要动不动就天昏地暗，仿若末日降临。这会让他害怕，怕你太依赖他。

要珍惜你的眼泪。

不要动不动把眼泪当成解决问题的方法。

哭有什么用呢？如果他真的如你所想象的那样不再爱你了。

两个人相爱，不就是为了开心地生活吗？

两个人在一起，就要努力为彼此营造一个轻松愉快的氛围。笑比哭好。

爱他，不就是要让他开心吗？

要让他觉得，你和他在一起是幸福的。

别哭啦！

下一次，当你又鼻酸时，不妨停下来，告诉自己：先不哭，忍忍看。

你高兴的时候，他才高兴！

010

容易满足，简单快乐

> 她们对世界充满感恩。深知一杯白开水的深意和美好。

不只是男人，其实连女人，也喜欢那种容易满足、天性快乐的女孩子。

这样的女孩子，一般对物质的需求不高。欲求低到，只要看见阳光，就已经很开心了！

她们性情简单，精力充沛，心情开朗，懂得享受生活。

喜欢自己的工作，每天高高兴兴去上班，回到家里很少抱怨工作和同事。

有很多不为名利的爱好，热心投入，只是享受它们的乐趣。

奉行"吃亏是福"的人生态度，从不斤斤计较。

似乎没有特别讨厌的人，总是以一颗善良的心去对待身边的每一个人。

不管住的是大房子还是小房间，不管是买房还是租房，都用心布置自己的家。哪怕只是用水栽培一棵翠绿植物。

充满乐观与希望。

哪怕只有一套漂亮衣服,也能每次都穿出新感觉。

看见雨水打湿树叶,就会感到喜悦。

会记得身边亲人朋友的生日,会主动送上别致用心的小礼物。

从不头脑发热地乱购物。

很少胡吃海喝。

从不用奢侈品,但舍得花一大笔钱买一个相机学摄影。

经常参加一些不花钱但很有意义的活动,比如,看画展,参加作家见面会。

她们对世界充满感恩。

深知一杯白开水的深意和美好。

在乎别人多于在乎自己。

神经大条,很少对什么事情感到失望,更很少羡慕嫉妒恨。

跟这样的女孩子交往,就算你忘记了她的生日,她也不会介意,因为对她来说,活过的每一天,都意义非凡。

她也不是没有郁闷的时候,但是她不希望把郁闷传染给别人,所以,那个时候,她更愿意一个人待着。但这样的时刻,会很快过去。

这样的女孩,你煮碗面条给她吃,她也会跟你带她去吃法式大餐一样开心的。

011

style是什么

> 即便你并不是天生丽质，你也可以拥有你的style。

一天我和先生的同事们聚餐。席间谈到一个未到场的新同事，说到她，大家脸上都浮起微笑。

在你一言，我一语中，我大概知道了这是个什么样的女人：

蒙古女孩，25岁，高，壮，胸极大，头发染成了金黄色，喜欢画眼影，经常身着奇装异服，每天穿得像被人追杀一样，走路昂首挺胸，浑身是劲儿。有一天抹了青色的眼影，在楼道里和领导相遇，把领导吓一哆嗦！

大家谈论她，是没有恶意的。

相反，一个男同事还说：我第一次见到她，也被吓了一跳！心想，怎么有人会穿成这样？但是，后来我慢慢观察，她并不是那一天这样穿，而是天天这样穿！我就不觉得怪了。她知道我们在背后议论她，但是，她不会因为这些议论而改变自己。所以，我很欣赏她！

嗯！这就是她的style。

一个女同事，若有所思地说。

虽然没有见过这个女孩，但我脑子里，已经能浮现她的模样，以及她精神抖擞的样子。

她对服装有自己的看法，对穿衣服有自己的习惯，不以别人的喜好来作为取舍的标准。光是这一点，我就很欣赏。

一个自信的女人，不需要别人来告诉她，怎么穿才好看。

标准，是自己定的。

穿衣服，给自己看，比给别人看重要。

要相信，每种身材，都有自己的优势。

只要你自信、乐观、坦诚、不矫情，穿什么都好看。

Style，不只指你的穿衣打扮，还包括你的眼神，走路的样子，为人处世的态度，待人接物的方式，以及谈吐。

Style就是你的独特性。

一个活出自己style的人，他人会发自内心地与你平等相处。这无关贫富，无关阶层，也无关年龄。

活出style的女人，内心愉快和强大。因为她不会受外界影响。她既不矜持，也不骄傲，独立而完整，会有一种由内而外的漂亮，让人觉得很舒服。

即便你并不是天生丽质，你也可以拥有。

012

不要刻意去做豪放女

> 男人愿意和豪放女喝酒、交朋友，寻求一些刺激，但是，他们一定更愿意和温柔淑女谈恋爱。

每天下午散步的时候，会经过一所中学。

夕阳晚照下，总有三三两两的学生从我对面走过。

不止一次，我看见一些穿着校服的女孩子，勾肩搭背，叼着烟，口爆粗话，显得又凶又狠。

从这些女孩身边走过时，我总是苦笑。

我也曾那么年轻过，也曾希望自己表现得"超强"，想要与众不同一点，也从十几岁就开始抽烟，脏话至今也会说。

特别理解一些女孩子，希望把自己扮演成一个豪放女：要强，胆大，鼓噪，抽烟，酗酒，无法无天，做出位的事情。

我也曾那么做过，因为放纵是有快感的。

有时候，似乎想通过什么来标榜一下：我是新时代的女人！我不一样！

有时候还会收获一些没胆子冲动一下的女孩的羡慕眼光。

但是，这样很累。

如果我们想过得好一点，就不要放纵自己。因为豪放的背后，是深深的疲倦。

女人，天性是软弱和柔顺的。

开朗、大气和积极的女人，懂得内省自己的言行，按照轨道去生活，而不是为所欲为、刻意豪放。

相对于夸张的露背装和火辣文身，他可能会更喜欢你正常的装束，自然的吸引力。

在很多男人眼里，女人抽烟的形象，还是和"不正经"画等号的。

满嘴脏话的女人，也会令男人反感。

很开放地和男人第一次见面就邀请对方回家，太快的亲热表现也会吓怕对方。

刻意的豪放会毁掉自己的形象。

男人愿意和豪放女喝酒、交朋友，寻求一些刺激，但是，他们一定更愿意和温柔淑女谈恋爱。

对自己来说，一次次的疲倦之后，还是会发现，做一个安静的女人最快乐。

013

孤独是迷人的

> 孤独没有解药。它伴随我们的一生。

不管你是单身,还是热恋,或者已经在婚姻生活之中,
都必须明白一点:
孤独,是理所当然的。
理解并接受这一点,会过得没有那么难。

孤独没有解药。
它伴随我们的一生。

每个人都注定孤独。
它跟随在我们生活的每一天,每一秒钟。
孤独会伤人,它也会帮你,
帮你和人群的热闹保持距离,从而拥有独立思考的能力。

音乐、香烟和酒精,是孤独最好的伴侣。
但是请不要滥用它们。

想要去爱,就要接受孤独。

接受孤独,就不会成为怨妇。
会明白:有他,是幸运;没他,是正常。

请你仔细去体会,一个女诗人曾经说过的:
孤独是迷人的。

014

学点什么

> 学习，永远不会浪费时间。

周末，总是很快划过。

睡觉、逛街、刷微博，无聊又浪费时间。

不如去学点什么，来丰富一下生活。

学一个偏门的软件，增强自信心。

上烹饪课，学做菜，造福胃口。

或者上烘焙班，学习做西点，朋友们最喜欢。

学习钢琴，精通乐理。

学习大提琴，培养优雅的气质。

学习跳舞，释放激情，还可以减肥。

如果一个人去学很难坚持下去，就找个朋友，或者和爱人一起去。

学习古筝，修炼迷人的古典气质。

学习瑜伽，修炼内心和身体。

学习茶道,愉悦身心。

学习围棋,认识它博大高深的思想和境界。

学习游泳,多一门重要的求生技能,享受在水中的乐趣。

学习煮咖啡,你会知道,咖啡不简单。

学习一门外语,为自己打开另一扇门。

学习书法,平心静气。

学习开车,实用。

学习吉他,乐器便宜。

学习化妆,美丽自己。

学习戏剧,体会别样人生。

学习国画,修养身心。

学习摄影,体会眼和心的共鸣。

学习羽毛球,锻炼身体,缓解压力。

学习古琴,怡情养性。

学习,永远不会浪费时间。

不管学什么,你都会终身受益。

015

优雅

> 自然而然,显露自己真正的气质。

优雅,不只是精心化妆,光鲜亮丽,穿着时髦,还包含柔美的气质,轻言细语,迷人的微笑,举手投足,散发出来的自信和从容。

优雅是一种心灵的状态。

有时候,可能只需要挺直腰背,就离优雅更近一些。

不要害怕自己太平凡,即便你穿着纯棉或者麻布的衣服,你照样可以有一种简单的、自洁自律的优雅。

首先,优雅的女人必须是独立的。

自然而然,显露自己真正的气质。

其次,她是大气的。不为小事情纠结抓狂,原谅别人的误解和失礼。

她会关怀别人,充满爱心和热诚,悉心照料身边的人,礼貌地倾听每一个人的谈话,即便对陌生人,她也会坦然流露自己的真性情。

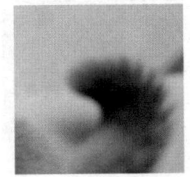

从不公开说别人的坏话，不轻易评论评价。

优雅的女人，其实更懂得自律，比一般人更遵守规则。

智慧，漂亮，动人。

整洁，干净。

从不粗鲁。

一点点顽皮。

一点点狂野。

用对香水。

身上没有大堆的装饰品。

说话时，对人真诚注目。

一个人走路，也昂首阔步。

高跟鞋，恰到好处。

有时候会恰到好处地放下发髻，令人迷醉。

不张扬，不会唯恐别人不知道似的炫耀谈话。

有时候还保持一点神秘感。

从不放浪。

对事情的看法，不随波逐流。

有令自己欢愉的爱好，乐在其中。

016

让人记住你，
而不是记住你穿了什么

> 浑身名牌，不等于会穿。

让人记住了你，而不是记住你穿了什么的女人，是最会穿衣服的女人。

我认识的最会穿的女朋友，她从来不去大商场买衣服。淘宝和露天的小市集，还有路边的创意小店，是她最乐于去的地方。

有的衣服，单独拎起来看，非常一般，但她有神奇的能力，能把它们搭配得好看。

她家境优越，有很多追求她的男人送首饰给她，但她从来不戴。

她知道按照心情来做简单的配饰，自然而不做作，令人赞赏。

不会穿的女人，做尽尝试，却丧失了自信。
会穿的女人不费吹灰之力。

我就是一个不太会穿的人。

这个朋友给我的建议就是：穿你自己觉得舒服的，不要因为追求流行而犯错。

我最难忘她说的一句话：如果他们很少注意你穿了什么，但已经记住了你，那么，你已经很会穿衣服了。

所以，我索性放弃了追求流行。

简单的T恤，搭配牛仔裤。穿有质感的基本款，不会错，让自己舒服自在的衣服就是最好的。

接受自己先天的身材，想办法取长补短。

对所谓的"风行"的东西持怀疑的目光。它穿在别人身上好看，但不一定适合自己。

所以，我从来没有试过UGG。

也不是所有的人都适合细细的金项链。

我喜欢那种手感好的，有令人无法抗拒的天然质感的衣服。

当然，如果看到有人穿着一件好看的、令人心动的毛衣，也别害羞，大胆去问：你在哪里买的？

一件漂亮的衣服，不要介意一穿好几年。

不要去跟别人比高下。

收起不适合穿的衣服，衣柜里的东西，要少而精致。

也别冲动地去购物，在打折淡季图便宜，买回一堆最后不穿送人的衣服。

把钱花在你真正喜欢的东西上。

遇见真的喜欢的款式，可以买下同款不同的颜色。

帽子和围巾是高效的配饰。

一条小黑裙，足够应付各种场合。还有，黑色的高领毛衣，是经久不衰的气质单品。

如果你穿得简单，就不要去过度设计自己的发型。

尽量多穿颜色明亮的。人生总有暗淡的时刻，这时需要衣服来帮你提亮心情。

穿出你的风格，比穿得时尚更重要。

永远要保持自己的"风格"，不要因为他人的评价而转变。

还有，要穿得好看，别忘记一个最最重要的秘诀，那就是：

放轻松！

017

没有安全感的人

> 你别无选择，只能勇敢起来。

没有安全感的人喜欢搂着东西睡觉。
喜欢低头走路。
有意无意地，手里总需要捏着一个什么东西。
没有安全感的人，喜欢被子的重量感。
没有安全感的女孩子容易喜欢上比自己大很多的男人。
坐车一定要靠窗。
晚睡。
渴望拥抱。
喜欢把自己浸泡在热水中。
永远想要变化，总是拿自己和别人比，希望和别人一样，但是和别人一样之后，又继续不满足。
总有不安的情绪来打扰。

有时候会假装坚强，口说大话。

喜欢在纸上涂鸦。

害怕安静。

喜欢和朋友们聚会，但是害怕和陌生人讲话。

没有安全感的人，走在黑夜里，总觉得背后有人，会非常警惕地回头看看。

没有安全感的人怕黑。

没有安全感的人，经常觉得自己快要孤独至死。

没有安全感的人，喜欢被人亲吻额头。

男人其实很害怕过度没有安全感的女人。

安全感，是自找的，不是别人给的。

别人能给你，也能带走。

所以你别无选择，只能勇敢起来。

018

男人害怕悲情女人

> 生活已经够辛苦了，为什么还要折腾不休？

女人比男人喜欢看悲剧。

我一直在建议身边的女朋友，要少看那种让人哭死的电影和电视剧，更不要沉迷在悲情的作品里。

因为看多了，你会不知不觉变成一个悲情女人。

女人的内心，天生是有悲情情结的。

悲剧看多了，就会有无法解开的心结。

不管遇见好事还是坏事，她总是用悲情的眼光来看待。

悲情的女人内心渴望恋爱，一旦有了对象，就会不由自主地如电视剧女主角一样陷入疯狂。

"我的恋爱，一定要轰轰烈烈，一定要惊天动地！"

一定要像一场戏剧一样，跌宕起伏，充满争执和冲突，然后还有和好的美妙瞬间。

如果太平淡，那么就主动来制造波澜，制造考验，制造烦恼，制造磨难。

先如胶似漆，再撕心裂肺，最后生死离别。

心不伤，不罢休。

不把那个男人逼出眼泪，不罢休。

不吵吵闹闹，不分手两次以上再复合，不把双方虐待到极致，不停止。

只有疯狂，才让她觉得安心。

她一边流泪，一边感到满意。

但是，那个经历着"重重考验"的男人，是否已经开始打退堂鼓了？

恋爱是为了什么，

不就是为了两个人更快乐地生活吗？

生活已经够辛苦了，

为什么还要如此折腾不休呢？

最好的恋爱，不是惊天动地、要死要活，

而是细水长流，心有灵犀。

相互安静地陪伴，少波澜，少曲折。

享受彼此带来的宁静和美好。

一颗脆弱而敏感的心，要因为对方的存在而变得坚强，而不是费尽心思，搞得大家都不快乐。

019

如果他不主动联系

> 你感觉他和你在一起快乐吗?

有个女生写信给我,说她和一个男人恋爱了。但是,有一个让她很苦恼的现象,那就是:他从不主动联系她。

他从不主动给她打电话,也不发短信,更不会发微信,或者在微博上给她留言什么的。

但是,如果她主动给他发短信的话,他还是会回应她的。只要她约他,他一定会出去。

"我恨透了这种冷暴力。"

"这样,就搞得我很贱一样……"

对此,我问这个女孩的第一个问题是:
你感觉他和你在一起快乐吗?

如果答案是肯定的,那么,问题不大!

要注意,对有些男人来说,联系的频繁程度和感情的深浅是没有关系的。

有好多男人,他们都喜欢自己待着。

如果他保持着自己的频率和你联系,而且在一起很开心的话,我觉得你应该适应这种恋爱的频率。两个人既相亲相爱,又保持着自己的时间空间,不腻不烦,挺好的。

当然,你可以试着不联系他,放下一个星期来看看。

自己该做什么做什么,不要在心里老想着他。

如果他在乎你,他会来找你。

不要害怕一晾晾过头。

如果他没有消息,那说明在他心里,你已经不重要了,那你也知道该怎么做了。

不爱了就是不爱了,再多想也没有用。

至于怎么忍住不联系他,

这是一个很难的事情。

关注其他的事情,忙自己的,平平静静的,不要恐慌,不要挠心挠墙。

只要扛过了一个晚上,就能扛过前三天,要是扛过了前三天,扛一个星期就没有问题。

如果他发现,你突然有了自己的生活,
不再像过去那么依恋他,那么重视、在乎他,
他也许会慌张,会有所改变,知道主动来对你好。
在没有他之前,你不也过着自己的正常生活吗?
就算分手,也只是回归正常而已。
这样想,就不会患得患失。

离开一个不会的男人

020

如果他告诉你,他在忙。
那是真的在忙,不要想多了

> 不要总为小事纠结。

我认识一个非常优秀的男孩子,他是一个建筑设计师,内心单纯,干干净净,有一个很漂亮的女朋友。

前几天,他告诉我,他们分手了。

我很惊讶:为什么?

他说:我很受不了她每天给我打十几个电话。只要通起电话来,就没完没了,不肯挂电话,我要是比她先挂,她就要生气。有时候接电话接晚了也要生气。我在开会时,忙得不可开交,关了静音,等忙完,拿起手机一看!好家伙!50个未接来电,我还以为出什么事了,赶紧打过去,她那边根本没什么大事,就是在为我没有接她电话而闹脾气。

唉,那是因为你没有给她安全感啊!我说。

是啊!可是我也不知道该怎么给她。我只是个普通人。他说,我只希望她能在我告诉她我很忙的时候,能够相信我真的在忙,不要想多了!

所以,女孩们,千万不要因为他少接了一个电话,就开始觉得他不在乎你了。

当他说忙,也许他真的在忙。

想想你生病的时候,他是不是在你身边照顾你?

想想有大事的时候,他是不是陪在你身边?

就不要为小事而纠结了。

很多女孩子在男朋友说"忙"的时候,心里总会猜测:他是不是用忙作借口泡妞去了?

可是,谁有那么多精力去外遇啊!

再说啦,如果他真是泡妞去了,担心有什么用呢?谁能阻止呢?如果你们的关系是健康快乐的,和你在一起是轻松快乐的,他的心,谁也勾不走。

要相信他对你的感情!

他不在你身边的时候,能不能不要胡思乱想呢?能不能不要随时卫星定位一定要知道他在哪里呢?那样,你们都会很累的!

夺命连环call,是傻姑娘经常做的,对自己没信心,会把本来很有缘分的两个人分开。

女孩子,想要一样东西就会紧紧抓牢,生怕它跑了。

但是,抓得越紧,越抓不住他。

男人，有时候需要一点点自己的空间。

还不如，给彼此把空间留够，相信他，相信自己，轻松自然地相处。

有时候，你也可以换位思考，如果你在工作的时候，他不停地给你电话，絮叨个不停，还不许你先挂电话，你会怎么样呢？你还会喜欢谈这个恋爱吗？想想你自己，也有过很累很累不想说话的时候吧！

经常进行换位思考，也会让你们的感情更加健康地发展下去。

021

闲时读点儿中国好文字——"古诗"

> 体会文字之美,是极好的修炼。

我小时候,父亲每天下午带我出去散步,一边走,一边教我背古诗。

"离离原上草,一岁一枯荣。"

"江南好,风景旧曾谙……"

我那时才六岁,对那些拗口的古诗词并不懂得,但是我记性好,在那一个个被夕阳拉长身影的傍晚,把四十多首古诗都背下来了。

等我长大以后,我才知道感谢我的父亲。

那些我曾经不懂的文字,其实多年前已经在心里种下了一粒粒种子,把各种美好情怀印在了心底。

等我上学时,老师教古诗,我很轻松地就理解了它。

等我长大了以后,每当我想起"孤舟蓑笠翁,独钓寒江雪""明月松间照,清泉石上流"这样简洁的诗句,心里涌起的,都是一种说不出的、无限美好的感受。

今年夏天,我在桂林的兴坪,错开了游客高峰,在黄昏时分租了一条竹筏,漂流在漓江上,两岸青山林立,晚风习习,绿水长流,整个天地间,好像除了我和筏工就再没有别人。那一刻,我想,这眼前的山水,大概在几百年前也是一样的,我切身体会到了"轻舟已过万重山"的感觉……

古人的诗句,简洁,韵味悠长,精气神十足,有滋有味。它的韵味和节律值得我们去朗读、背诵,细细品味。

流传于世的古诗,称得上是真正的"中国好文字"。

空闲时候,读读古诗,会让人获益匪浅。

除了那意境带给人的精神享受外,有的古文还会教给你人生大义和处世之道,像"业精于勤荒于嬉,行成于思毁于随"这样简单的句子,还能给你的事业带来帮助。

你会发现,有些小时候觉得晦涩难懂、背去应付考试的诗句,在今天重新念起时,体会完全不同。短短的几个句子,能带你进入一种大境界里。

不管你身在哪个地方,不管你在做着什么,只要你认识中国字,就可以去尝试一下:

体会文字之美,是极好的修炼。

它在无形之中滋养我们。

悄然改变你的气质和谈吐。

会背一点儿古诗的中国女人,一定是美的,是与众不同的。

022

家有密友

> 女人的"直觉"是个可怕的东西。

一个春天的晚上,外面突然响起了敲门声。

闺中密友安妮到访。

安妮,长着一头卷发的漂亮女孩,扑通一声坐在我家的沙发上,面色苍白。

一副可怜相把我和我先生吓了一跳。

我关怀备至地坐在她的身边,拉过她的手,准备倾听,而我先生则手持面巾纸盒,站立一边,严阵以待。

女人的直觉告诉我,让安妮这么悲哀的罪魁祸首,只能是:男人。

果然!

她告诉我们,她怀疑男朋友背叛了她。

这绝对不可能!我非常震惊,安妮的男朋友我认识,瘦弱、沉默寡言,是个作风严谨、无懈可击的老实人。

他怎么可能有外遇？我说。

安妮号啕大哭起来：天下的男人都是一样的呀！

你有什么证据吗？

不需要什么证据，我相信我的直觉，这种事，女人的直觉是最准的。安妮说。

总得有点儿什么迹象表明啊。

迹象？啊？迹象？……有一百种迹象统统表明他在外面有了女人！

安妮把鼻腔里的鼻涕擦干净了，接着说：他最近突然变成一个温柔体贴的人，不但给我送了一只漂亮的小狗，还非常高频率地说他爱我，几乎每天他都要说，他这样一说，我就什么都明白了……等等，这和他背叛你好像没什么关系吧？

还有，还有更严重的，他突然之间胃口大开，变得热爱生活，洗碗的时候哼着小曲，还经常去健身房锻炼身体，这不明摆着吗？一个爱吃的男人说明什么？保持身材和增加体力对什么样的男人来说很重要？哼！别以为我看不出来，我只是不说而已……

还有，他最近还突然之间用上了洗面奶！每天都刮胡子，戴上新眼镜，照镜子的时候还故意收紧肚皮左照右照……

安妮的眼泪"哗哗"地流个不停。

我们说什么都没有用。

夜里十二点，整个大楼的灯都熄灭了，安妮终于流干了眼泪。

在整整三个小时的控诉时间里，她把手机开了又关，关了又开，就是想看有没有她男朋友打来的未接来电。

既然你想接到他的电话，又何苦关机呢？

安妮说：我就是想让他打我电话的时候，听到冷冰冰的"你所拨打的电话已关机"，让他自己能好好反省反省，到底做错了什么。

凌晨时分，安妮终于在开机的空当等来了她男友的电话。
期盼已久，如愿以偿，她男友在电话里用哄人的语气和她说话。
她脸上也终于展露了笑容。
安妮高高兴兴地走了，脸上散发着光彩，好像刚才没哭过一样。
房间里只剩下我和我先生。

这个晚上究竟发生了什么？
安妮的男友到底出没出轨？
我们不得而知。

我们只是感到深深的疲惫。

023

妒忌他的过去，
等于毁掉了你们的现在

> 如果你想要幸福，就不能太介意。

花衣和男朋友快要结婚了。

他们见了双方的父母。

花衣看到母亲满意欣慰的笑容，眼泪都快下来了。

她今年已经三十岁，曾经过了漫长而坎坷的情感旅途，只有她自己知道，找到一个可以结婚的人的艰辛。

可是就在筹备婚礼的那段时间，花衣无意间进入了男友的QQ空间。

她发现，他的空间里，竟然有很多他和EX的照片！

在她和男友相识之初，他就给她讲过EX的故事。

简单说，就是他们感情很好，但是EX的母亲不同意，百般阻挠，所以几番争取之后，他们黯然分手。

当时，花衣还很感动，觉得他能够坦诚对自己讲和前任的故事，是对她的信任。她记得自己当时还特别真诚地对他说："真为你们感到可惜！"这话让她自己再想起来，还真有点儿假惺惺的味道……

"他曾为她义无反顾"，这样的印象，深深刻在了她的脑子里。
所以，当她看到他和前任的合影时，嫉妒之心，瞬间翻涌起来。
她不动声色，开始暗中调查他。
从来不看他手机的她，趁他洗澡时，翻看了他的短信箱。
一千多条短信里，很多陈年短信，大多都是他和EX的。
短信里的话，哪怕是一句"晚安"，都让她受不了。
她翻了他的抽屉，找到了EX送他的礼物。
去和他的朋友聚会，她会有意无意地提到他的EX，做出一副"我根本不在意"的样子，好从他善良的缺心眼儿的朋友那里，打探到一点儿他们过去的蛛丝马迹……

一想起他曾经和另一个女人情深意切，她心里就一阵阵难受。
她不断拿自己和短信里的那个女人作比较，从一点一滴的细节来判断：他到底爱谁多一点儿。
她一想到他曾经对那个女人的种种好，就心如刀绞。
那个女孩确实很漂亮呢，她想，眼睛虽然比我小，但是身材比我好多了。
他的朋友说，他以前还送她上下班。他现在怎么很少来接我？
他过去叫EX宝贝，现在也这么叫我，本来很动听的一个词，现在

65

听起来，好恶心！

看那些合影，他在她身边的笑容，就是要比跟我在一起开心！

更可怕的是，他们在一起亲热的画面，会浮现脑海！

EX，像一根刺，像一个噩梦。

自虐啊，

自虐。

这样的胡思乱想，随着时间的推移，升级成了一个更严重的问题：

我到底该不该嫁给一个心里有别人的男人？

终于，她提出分手。

男友震惊了！

他真没想到，在他积极筹备婚礼的同时，她竟然每天都在耗尽心思地翻找和深挖他的过去。

被偷看短信这样的事情，更让他接受不了。

他说，之所以没有去删空间里的照片，是因为从分手以后，他一直很忙，都没有时间去登录QQ。

短信也是，谁有时间一条一条去删除那几百条短信呢？有那个时间还不如换一部手机。

我把它们留在那里，其实正好说明我不在乎了。它们存不存在，都无所谓。

你怎么就不懂呢？

男友痛心疾首摔门而去，出门之前，又送了她几个字：

世上本无事，庸人自扰之。

花衣给我写了邮件，说婚期已定，他们还是会继续把婚事办下去。
"但是，我们之间，有了一个需要很长时间才能修复的伤痕。"
"我现在真的很后悔。"

每一年，我都会收到好几封像花衣这样的女孩的来信。
我已经准备好了给她们的回信：

"如果你想要幸福，就不能太介意。"

01 — 你自己有过EX吗？
02 — 你愿意和一个空白的男人恋爱吗？
03 — 有过去的人，才会珍惜现在。
04 — 不要拿自己去和别人比，何苦为难自己？
05 — 蠢女人才会去打听："他过去有过多少女人？"
06 — 更傻更傻的女人，才会自己把自己当作"另一个人的替代品"。
07 — 如果你是那种"不希望自己被瞒着，又害怕对方太坦白"的女人，他要是告诉你他的过去，你可以选择说：我不想知道。
08 — 活在当下！活在当下！活在当下！

024

老哄你，我累了

> 不要动不动提分手。

小婷又一次跟男友提分手了。
这已经是第101次了吧。
让她吃惊的是，这一次，他居然答应了。
这下她慌了。
但是他手机打不通了。
她发短信给他，说：我错了，请你原谅。
没有回音。
她装作没事似的去他单位找他。
但他只冷冷地回答了一句：老哄你，我累了。

小婷感觉心被伤了，哭得像个泪人。

她说：他过去不这样啊！每一次提出分手之后，他都会加倍对我好，这一次为什么这么绝情呢？

傻姑娘，你把"分手"当成一种手段了！

爱情是真心相待，不是耍心眼子。

有时候自己心里没底，就说极端的话来吓唬他，威胁他。

有的男人，威胁他，只会更加激化矛盾，把他推向对面。

两个人一起生活，产生矛盾的时候多着呢，每一次都以分手这样极端的方式来解决，谁受得了？

有时候，要学会退让。

女人，那么强势做什么呢？

男生是有自尊的，每一次都以分手相要挟，让他服软，来哄你，次数多了，日子久了，他也会受不了，会厌倦的。

就算他有错，也要给他台阶下。

不要动不动以分手威胁他，明明知道过几天就会和好，又何苦呢？

老提分手，会让他觉得你并不珍惜你们之间的感情。

也许你看着他挽留自己的样子，内心会觉得满足，会觉得他"还爱我在乎我"。

但是，真的说不好哪天，你提出分手，就真的分了！

到时候伤心，自责，追悔莫及。

所以，不要透支这个男人对自己的好。

换句话说，不要"作"。

如果他对你好，分手真的不要随便说。

025

别人的恋爱模式，
不一定适合你

> 轻松舒服，就是最好的模式。

　　一位情感专家在电视上提倡大家学习法国人的恋爱模式：一起到咖啡馆喝喝咖啡，再去逛逛公园……

　　不知道多少女孩子看了以后，会去跟自己的男朋友说：你看，你从来都不陪我逛公园！

　　真的数不清，有多少人，在模式化地恋爱着。

　　从表白开始，就已经有了模式。因为传统模式是男生表白多一点，所以，很多女孩子明明心里很喜欢，但就是迟迟不开口，傻等着。

　　然后是一起吃饭，一起逛街，一起看电影。所有情侣应该做的事情，一件都不能少。

　　情人节、七夕节、纪念日，不是该送巧克力玫瑰花吗？

　　2013年1月4日，微博里全是"爱你一生一世"。

听同事说,她的男朋友带她去西藏旅行了,那我们也要去!

别人的老公都是每天下班就回家做饭,你为什么要天天加班?

还有人看多了美剧韩剧,就说:人家外国人的恋爱模式,就是比中国人好!每天出门都接吻啦!动不动男的就把女的背上,还经常挨女的打啦……

你对他有多重要,这个在你们相处的过程中你本人是最清楚最能体会到的,没必要看网上别人说要天天联系天天缠在一起就觉得你男友也应该这样做。

让人汗颜的是,我自己也不自觉地像这样拿别人的恋爱模式,套自己头上。

比如,我对先生说:我今天去设计师家里改活儿,她老公出门的时候,大喊了一声:我走了啊!宝贝!——可是你,为什么从来就没喊过我宝贝?

我先生坦诚说:我不喜欢说这个词。而且,你明知道,我要是这么喊你,你也会不习惯不舒服的!

他说得对啊!

可为什么我要像个怨妇一样提这个事呢?

恋爱中,切记切记要少对他说:别人都怎么着怎么着,而我们又怎么着怎么着!

不要因为人家小情侣老腻歪在一起,你们就得像两块口香糖一样粘来粘去。

有的人是激情似火模式,有的人是相濡以沫模式,有的人是细水长流模式,有的人是火星撞地球模式。

如果你想每种模式都来一下,那么你们的生活必将混乱不堪,难以承受。

有时候,两个人不腻歪,不一定就不浪漫。

心有灵犀,也不一定非要什么形式来体现。

一个男人不天天说爱你,但是你有事,他一定陪着你,这是他自己的方式。你不要要求他像美剧男主角一样,天天把爱挂在口上。

如果非要给爱情定一个模式的话呢,我觉得:

两个人觉得轻松舒服,就是最好的模式。

一个不会离开的男人

026

送他一个什么礼物好呢

> 心意，是最好的礼物。

01 - 一条皮带
02 - 一瓶香水
03 - 去外地出差买一个漂亮的玻璃瓶带一点当地的空气送给他
04 - 一双皮手套
05 - 自己织的围巾
06 - 一个粗犷的皮夹子
07 - 复古太阳镜
08 - 牛皮纸袋，里面装几个好吃的马芬蛋糕
09 - 一把怀旧的长把雨伞
10 - 运动款双肩包
11 - 一个新的旅行箱
12 - 一包茶

13 - 军用小刀
14 - 一辆款式超好看的自行车
　　　（当地空气质量足够好的情况下）
15 - 老式黑胶唱机
16 - 一瓶威士忌
17 - 一个超大硬盘
18 - 一张电影票
19 - 一把彩色铅笔
20 - 一副棋子
21 - 一本书
22 - 一个乐器
23 - 二十双棉袜
24 - 一双夹脚拖鞋
25 - 一个投影仪

027

他真的在乎你有多胖吗

> 如果他爱你,他一定是希望
> 你把身体健康放在第一位。

我在饭馆,听见旁边一对情侣的对话:

男:"你要吃点什么?"

女:"……"

"又在想自己有多胖?你看看你,一点儿都不胖,刚刚好,不要想减肥了,吃!真搞不懂你们女的,瘦巴巴的有什么好看的……"男的还没说完。

"老板,来两个大碗的卤煮,加两份大肠!"女孩子马上向老板招手了。

我坐在旁边,觉得这个女孩好可爱。

回过头去看她。

她真的一点儿都不胖!

可是，看看身边，随便挑10个女孩子出来，从80斤到140斤，每一个都觉得自己胖。

可能在她们的心里，只有那些苗条的女孩，才有资格称得上是漂亮。

怕胖的女孩子，还有个特点，就是穿什么衣服，都觉得自己不好看。

她们既喜欢照镜子，又不敢照镜子。

天天在吃还是不吃之间徘徊。

听见别人说"哎，你最近瘦了啊"，心里总想："哼，虚伪，就知道说好听的给我！"

怕胖的女人对各种各样的减肥方法总是特别留心，热衷尝试。

去健身房办卡，总是前几个月去得勤，渐渐就荒废了。

在家跳"郑多燕健身操"，每天一身臭汗，但似乎效果不明显。

做瑜伽、普拉提，没一样坚持下来的。

吃减肥药，副作用把人折磨得睡不着觉。

去针灸，忍痛被扎得像一个稻草人，到头来还是要听针灸师说：要少吃！

去拔火罐，背上拔得像个七星瓢虫，还是听见美容师说：要少吃！

于是开始少吃吧！天天过得像兔子，掐着算着卡路里吃饭，男朋友这时开口了：你这样活着还有什么意思！

有时候，你尝试做一些事情来让自己更美，但总适得其反。

减肥过度的女人，总是精神不振，头发枯黄，两眼无神，性情大变。

更可怕的是，有的女人，怕胖又贪吃。每天都在和自己的内心打仗，那真是精神和肉体的双重折磨。

你想要让自己显得更加漂亮，不一定非得要去减肥。

也许你是想要把自己最美的一面展现给你爱的人，但是，你想过没有：**他真的在乎你有多胖吗？**

真正爱你的人，是不会在乎你的体重的，正如他不会在乎你是个飞机场，睡觉还老放屁。

如果他爱你，他一定是希望你把身体健康放在第一位。他宁愿你是一个健康结实的"肥婆"，也不希望你是一个弱不禁风的纤弱美女。

如果你爱他，你也要下定决心，让自己活得健康。

不是说找到了爱自己的人，就对自己没要求，

而是不要太在意胖瘦这件事了，每天都苦大仇深地对自己，纠结自己的腰围是不是又大了一毫米。

不要让它影响到你们的生活。

两个人一起吃吃喝喝是多么快乐的一件事啊！

而且，告诉你一个秘密，两个人感情好时，都会胖的——你说这怪谁呢？

028

不要投入太深

> 越害怕失去，越容易失去。

恋爱中，投入太深，绝对是个缺点。

太重感情的女孩，遇见一个人，一旦喜欢上，对方再温柔一点，很快就陷进去。

恋爱，就像中毒。人总是不清醒的，总是主观地将对方美化，再美化，将自己无限放低，再放低。中毒也是有周期的，等清醒过来，投入越深，越难以接受。

用情太深，会很被动。

越投入，越紧张。

越紧张，越害怕失去。

越害怕失去，越容易失去。

把握不好温度，也把握不好速度。

投入太深，是给别人伤害自己的机会。

对方给你一点阳光，你就灿烂。他说的话，比圣旨还重要；他的一举一动，都牵扯你的心；他的一句话，能让你想一天。永远心有不安。

男人是很容易得意忘形的。你投入得越深，替他想得越多，奉献得越多，他越不把你当一回事。所以要驾驭他的心，就不能事事顺从，毫无怨言为他做一切事情，却失去自己。

如果对方是一个值得你投入感情的人还好。但这个世界上，谁不是先遇上几个人渣，才遇见真正值得爱的人。一腔热忱，不顾一切投入爱情的女孩子，一般都曾付出过惨痛代价。所以，不管他是谁，不要投入太深，只爱一点点，一点儿一点儿来，慢慢认识，慢慢看清，也是一种保护自己的方式。

飞蛾扑火的壮举，年轻岁月里，有一次就够了。

更可怕的是，有的女人的投入，只是她的自我陶醉而已。对方既占了便宜，又看了笑话。

真正无比强大的爱，一定是平淡的。没有无限的情感索求，也没有从高处跌落到低谷的失望。

可以去爱，去给予，但不要毫无保留。

情深不寿，慧极必伤。

不要太投入，就不会去计较谁付出得多，谁回报得少。

就不会因为爱得太深而失去自己。

不管在什么时候，对自己好，才是最重要的。

控制住自己，是对自己好，也是对他好。

029

言传身教,让他对你好

> 如果你有什么需求,一定要清楚地说出来。

要想让他对你好,你要先对他好。

男人有时候是很迟钝的,他明明很爱你,但不知道该如何对你好。

这时候,你不应该埋怨,更应该庆幸,他不是那种从女人中走过来的老手。

比如,在每个月的那几天,有些迟钝的男人就不知道该怎么照顾你,因为他过去没有照顾过啊!所以,你要告诉他:我不舒服,请你给我灌个热水袋,或者煲一锅红糖水。

其实,他是很乐意也很享受为你做这些的。

只要做了第一次以后,下个月,他就会主动来关心你、照顾你了!

要注意,如果你有什么需求,一定要清楚地说出来。

男人对女人的"话里有话"是最猜不透的。

如果你想让他做饭给你吃,你要先做给他吃,让他体会到两个人一起吃饭的温暖气氛。然后你再说:什么时候让我尝尝你的手艺呀?

如果你长时间坐在电脑前,很需要人按按脖子,你可以先给他按,然后再换过来。

很多事情,只要做一次,他就懂了。

比如,你不开心的时候,很需要他来和你聊聊天,哄哄你。

但是有的男人会以为你不开心,想自己待着。

这是男人和女人的差异,但很多女人就会在这个时候抓狂、发火,最后让男人莫名其妙,甚至跟你吵起来。

其实你只需要对他说一声:你陪我聊聊呗。

030

有些事，忍一忍就过去了

> 以退为进，聪明之选。

上次陪一个摄影师朋友去参加婚礼跟拍，在新娘的闺房里，新娘和闺密们哭成泪人。伤感之余，闺密还不忘谆谆教导：要是吵架，特别是第一次大吵，一定要想办法占到上风，要一次性搞定他，让他认识到错误，给你道歉。第一次特别重要，关系到你们两个今后在家里的地位。做到了，将来你做主；做不到，将来他骑在你头上作威作福！切记切记！

我听了直想笑。

新娘子如果是个聪明人的话呢，闺密的话，听一听就可以了。

两个人过日子，争什么地位。

两个人决定在一起生活，难道需要一开始就确定是谁骑在谁头上作威作福吗？首先，在婚姻的字典里，就不要有"作威作福"这样的词语好吗?

如果她真按照闺密说的来办,凡事都要和老公争个你死我活,可以想象,那个日子能过成什么样!

女人吵架,有一个特点,就是一定要争一个"我对",得理不饶人。

男人呢,大多数在刚开始的时候,会选择息事宁人的方式,不愿意多吵,能承认错误就承认错误,只想事情赶快过去。

就怕女人揪着不放,

还举一反三。

一哭二闹三上吊。

甚至还打电话给朋友,给家长,搬救兵。

小事闹成了大事。

不知道适可而止的争吵,对感情的破坏性特别大!

有些事情,明明忍一忍就会过去。

有一天,我先生回到家里,心情明显不好。

我看出来了,就没有多问,开始做饭。

我做了好多菜,想让他吃好一点儿。

谁知道,他竟然随便吃了两口就把筷子扔掉了。

我坐到他身边去,问:"你今天怎么了,心情这么糟?"

他没好气地回了我一句:"哎呀,你别问了,烦着呢!"

我一下火就上来了!

你心情不好怪我吗?

不管你在外面遇见什么糟心事,我辛辛苦苦给你做饭,好心好意来跟你谈心,你还不识好歹……

我差点就跳了起来,恶毒的话已经到了嘴边。

但是,我突然想起一句话:吵架之前,先停一分钟,不要马上去接别人的话。

我就站起来,走进厨房,去洗碗。

我一边洗,一边想,算了,他也不是天天这样,我忍一忍,让让他算了。

后来,临睡前,他来跟我道歉了,并且告诉了我是因为什么事情让他这样。

那时,我们之间是暖暖的气氛。

能感觉到,我的体谅,让他的心情好多了。

我暗自感慨:如果刚才我顺着他的话开始说他,现在是什么样子?

估计早吵起来了。说不定还有一个人摔门而去了!

所以,女人,在面对矛盾的时候,要懂得以退为进。

牙齿和舌头都会碰撞到一起,更何况两个不同性别不同成长经历的人呢?

男女在一起,不要争理,而要相互体谅。

不要夸大自己的委屈和愤怒。

有时候,示弱,也不失为一种好办法。

与其破口大骂,不如撒个娇,示个弱。

男人会向温柔服软,但他可不惧怕你的拳头!

.

031

男人的自尊心

> 为什么要把自己的喜恶标准强加给他呢?

每个男人身上,都有一个雷区,那就是他的自尊心。

男人的自尊可不能随便碰。

有的女人,完全不懂得,以为两个人相爱了,"连你的人都是我的了,还有什么不可碰的!"结果为所欲为,触碰了雷区:执子之手,与子同归于尽!

我见过一种女人,不管是单独相处,还是在外面,只要男友开口说话,她必然会打断他。她可能不知道,这也是伤害自尊心的一种方式。

不要动不动就跟男人说:你能不能有点儿上进心?

不要随意指责他、指挥他,更不要当着他朋友的面这么做。

看不起他解决问题的能力。

经常拿他和别人作比较,讲风凉话,也会伤到他的自尊心。

你在他面前夸别的男人的魅力，也是在折损他的自尊。

男人是很爱面子的动物，有时候，他需要一点儿成就感，所以，当他主动跟你谈起他的工作的时候，即便你不是很懂很关心，也请不要不屑一顾。耐心听一听，再问两个问题，他也许会在给你讲解的过程里，感到更多的自信！

千万不要看不起他的工作，更不要唠叨他挣的钱少！

小鹿是一个出版社编辑，她的男友是一个IT男，平时爱好不是很广泛。他们两人，平时除了去看看电影，就是在家各玩各的。

有一天，小鹿突然对埋头打游戏的男友说：你能不能上进一点儿？买点儿书回来看呢？

男友愣了一下。

过了几天，果然有快递送来了一个包裹。

小鹿一看包装：卓越亚马逊！她心里很高兴：看来我的建议他听进去了呢！

她兴高采烈地陪在男友身边，看他拆掉了包裹，把里面的几本书取出来。

一阵印刷品的香味飘过来，男友触摸着一本本新书的封皮，心情愉快。

但是小鹿却看着手中那几本花花绿绿的盗墓和玄幻小说，撇了撇嘴。

她把书扔在沙发上，冷冷地说了一句：怎么买这些书来看啊！没品！转身就走了。

客厅里，只留下笑容僵在脸上、心里特别不是滋味的男友……

有时候,你喜欢的东西,他不一定喜欢;他喜欢的东西,你不一定喜欢。为什么要把自己的喜恶标准强加给他呢?

　　就算你不喜欢他的东西,你可以不和他分享,但也不要像小鹿那样撇嘴批判瞧不起呀。

　　有时候,你对他泼一盆冷水,真的会凉到他的心!

　　男人的自尊心,看不见,摸不着,但是,两个人想要长久相处,相安无事,就需要好好呵护它。

032

你真好

> 简简单单的一句话。

真诚地、直接地赞美你的男人吧!取悦他,满足你。好好巩固你们的爱。

01 — 这次剪的发型不错!
02 — 这件衣服真好看!
03 — 这条牛仔裤很适合你。
04 — 哇,小孩都很喜欢你。
05 — 你长成这样还让不让人活了?
06 — 你真暖和。
07 — 你太聪明了!
08 — 喜欢听你的声音。

09 - 还有你的笑，真好看！

10 - 你真好！

　　记住，要发自真心地说一些你心中对他的感觉，他才会真的觉得幸福。

　　没必要刻意去赞美。

　　有时候，简简单单的一句话，就很好。

033

穿什么睡

> 穿什么睡，最能透露你的真实性情。

睡觉，是两个人一天中最放松的时刻。

女人睡觉的时候穿什么，比白天穿什么更重要。

两个亲密无间的人，你可以彻底在他面前卸妆素颜。但是，睡觉穿什么，一定不能掉以轻心呢。

你的睡衣，释放出无数的信息，一件洁净的内衣，体现你对生活细节的处理，对自己的关爱程度。他可以从你睡觉时习惯穿什么，来洞察你的内心世界。

当他搂着你时，闻到你内衣上隐约的汗味，该是多么煞风景。

你穿什么睡，明明白白地告诉他，你有多爱自己！

当然，你也可以裸睡。抛开束缚，自由自在，彻底地放松自我。

两个裸睡的人，相拥而眠，肌肤相亲，欢愉享受。

不习惯裸睡的人，大多是有些传统的，总是要有衣服穿在身上，才觉得安心。一件洁净舒适的纯棉睡衣，手感不错，他搂着你的时候，会觉得踏实。

丝质的睡衣，隐约有些挑逗和诱惑，滑溜溜的质感，香艳气氛，激起他的欲望。

只穿一条内裤睡觉，什么睡姿都好看。

法兰绒睡衣，可爱、轻松、温暖。

把他的大T恤当睡衣穿的女人，个性总是潇洒的，开朗天真，有点儿孩子气。你的热情和活力会深深吸引他。当你穿着他的T恤在房间走来走去的时候，他也许会像对哥们儿一样拍拍你的肩膀，当你们并排躺在床上，他会温柔地从身后搂住你。

只穿香水入睡。

穿什么睡，最能透露你的真实性情。

睡衣，不只是穿给他看的。

漫长的一天结束了，也是时候让自己放松下来了。穿什么睡，绝对不只是为取悦他，而是为了更好地犒赏自己。

034

正儿八经出去吃一顿

> 一起分享。

即便已经在一起生活很久了,每隔一段时间,也要正儿八经地相约,出去好好吃一顿!

穿上你们最喜欢的衣服,去那种有沙发、鲜花、蜡烛、餐巾、音乐和高级餐具的餐厅。

把"好好吃一顿"这句话放在心上。

让自己沉浸在高品质的就餐环境中。

尽情去享受。

从好茶、好果汁、好菜、好酒中体味丰盛的人生。

你会发现,自己在此时此刻,感觉良好,他也会觉得你在此时此刻赏心悦目。

生活,大多数时候,是简单自然为最佳,但偶尔精致起来,感觉也不错!

坐下来，好好享用一顿精心准备、细心烹调的晚餐，而且是和你爱的人一起分享。

　　不要像平时你们在家对着电视狼吞虎咽那样，要细嚼慢咽、专心品尝，不赶时间，不随随便便。

　　这还真是一件幸福与喜乐的事呢。

035

你喜欢看他吃醋

> 也许女人天生喜欢戏剧性的恋爱，但是，如果你爱他，就不要折腾他。

"我真的挺后悔的！"敏敏对我说。

"怎么回事？"我问。

她说："刚开始，我只是想利用一下他的嫉妒心而已。"

敏敏和男友在一起已经四年了，生活渐渐趋于平静，每天说得最多的对话就是："吃了吗？""回了吗？""睡了吗？""多喝水啊"……有时候她会有一丝恍惚，仿佛他们已经结婚多年，早已是老夫老妻，如果照现在这个样子生活下去，再相安无事地过个三十年也没问题。

这本来是好事。但是，敏敏却蠢蠢欲动了。

她不知道这样的平静是好是坏，所以，想闹点什么事端来看他"到底还有多在乎我"。

于是，当大学同学组织了一场聚会以后，她回到家里，就有意无意地向男友透露：

"我的初恋男友从国外回来了！"

"他回来创业了，办公地点就是我们单位大楼的旁边……"

"昨天他还请我吃午饭，讲了好多过去我都快忘记的事，我觉得好像一下年轻了好多……"

"但是你不要多想啊，我对他早已没有感觉了……只是当年把他甩了，挺狠的，我心里有些过意不去……"

后来呢？我打断她。

后来就是，他火大呗，脸色难看，气急败坏，开始疑神疑鬼，只要我一加班，就认为我和同学幽会去了！同学聚会，再也不让我去了！敏敏说。

你呀，真傻！两个人过得好好的，你把别人弄得这么不安干吗呢？

唉！我不是喜欢看他吃醋的样子嘛！敏敏委屈地说。

傻姑娘！男人是有占有欲的，他们是非常爱吃醋的动物！

你们在一起过了四年，你能让他觉得安定，是多么难得的事！你为什么要自己去打破它呢？

让一个男人因嫉妒而疯狂而焦虑，你就真的会得到快乐吗？

看他为你担心，你就高兴吗？

你想看他有多么害怕失去你是吗？可你知道：你故意让他吃醋，

就是在伤害他!

最后,我对敏敏说:

也许女人天生喜欢戏剧性的恋爱,但是,如果你爱他,就不要折腾他。

男人也需要安全感的,你利用他的嫉妒心,不给他好日子过,他能给你好日子过吗?

离开一个不会的男人

036

喋喋不休让他脾气变大

> 其实，我知道你是为我好，
> 但我就是受不了你老叨叨。

昨天，我们吵了一架，事发原因是我希望他能早点儿上床睡觉。他因为连续加班，已经好几天只睡四个小时。

今天，他回来得比较早，晚饭以后，他就给自己泡了一壶茶，脱了鞋，靠在沙发上，把音乐放到一个令人舒适的音量，拿着iPad玩赛车游戏。

看他这样放松享受，我也很高兴。

但是，过了十二点，想到他明天还要早起上班，我就开始催促他："喂！该上床睡觉了。"

"噢！"他答应着，眼睛却看着电脑屏幕，一动不动。

然后，接下来，每隔几分钟，我就跑去说他：

"喂！你明天还要上班呢！"

"你昨天才睡几个小时？难道不困吗？"

"已经十二点半了哦！"

"天天这么熬夜，身体怎么受得了？"
"你到底有没有在听我说话？！！"
"赶快睡觉去！"
"什么游戏啊？让你觉都不睡了！？"
"睡觉！睡觉！"

突然，他放下电脑，腾地站起来，很生气地对我挥舞着双手："烦死了！有完没完？"

我一下愣住了，眼泪一下蒙住了眼睛。

他很少这样坏脾气地对我。

"我，不是为了你好吗？"我说。

"但我就是想玩一会儿，不行吗？"他冲我吼。

然后我也来气了，就和他吵了一架。

第二天，事情过去了。

我们再心平气和地谈起这件事，他说："其实，我知道你是为我好，但我就是受不了你叨叨。"

后来我想，也是，如果他觉得玩游戏很放松，就让他玩好了。

他都是成年人了，困了自然就知道去睡了。

男人，其实是不爱吵架的。

遇到好多令人不爽的事，他宁愿选择沉默。

但是，很奇怪，只要女人一絮叨起来，他就会像吃了火药一样，爆发起来。

看过一个报道，男人到了老年，也有更年期，从青年到老年都是心平气和的，但是到了老年，脾气就突然变坏，容易失控，暴跳如雷。我想，这可能是因为他们听了一辈子老伴的絮叨，终于火山爆发了。

再温文尔雅的男人，都有难以抑制的冲动，女人一絮叨，他的肾上腺素就会急速上升、呼吸急促，心脏快速跳动，然后，失控的时刻就要来临了……

两个人一起生活，想要"避免冲突"，女人就要学会适时闭嘴。

过了几个月，同样的情况又发生了。
凌晨一点。
他又跷着腿靠在沙发上玩游戏。
好几次我都想去劝他睡觉，但想想算了。
他想玩就让他玩啰，我也可以在书房多看一会儿书。
反正我就是不去叫你！明天闹钟响了难受的又不是我！
我在台灯下继续看我的书。

两点半了，一个玩够了的身影出现在书房门口：
"喂！该睡觉了！"
"噢。"
我站起来说。

037

有些话，一说出口，
就再也收不回来

> 有些工作的意义和成就，不是用收入来衡量的。

如果你爱一个男人，你愿意和他在一起，你一定要认可他的工作。
让他觉得自己是个成功者。
让他觉得自己做的事情是有价值的。
你要真诚地确认这一点。

秀的男友是一个游泳教练。每年夏天，是他最忙的时候，冬天，就要闲下来。
虽然他很爱自己的工作，但他不是很自信。因为这份工作收入不是很稳定。
但是秀却认为：他有一份多好的工作啊！
首先他喜欢水，每天都和水相伴。每天既是在上班，也是在锻炼身体。

其次，他是一个老师，每天就是上课，没有复杂的社会关系，也不需要应酬。

还有，最重要的是，他做的是一份功德无量的事情。他教会大人小孩一项重要的求生技能，在关键时刻，能救人生命，这难道不是最大的意义吗？

还有一个女孩叫萍，她的男友是一个汽车销售员。

男友入行没多久，喜欢车，热爱这份充满希望的工作，他努力着。

萍的家庭条件要比男友好，她爱上他，确实是因为他很帅，身材高大，和他走在一起，超有面子。

他们一起吃饭，一起看电影，一起做爱做的事情，看上去是一对快乐的情侣。但是，萍的内心，总是不满足。

在大家都议论他们如何般配的时候，只有萍内心深处知道：他是不符合她心中"成功男人"的标准的。

直到有一天，她终于爆发了。

那天是周五，北京一如既往地开始大堵车。

打不着车的萍，无助地站在车来车往的大街上，拿着电话，对男友发泄着不满。

男友也没有办法，只能一个劲儿地安慰她："你再耐心等等。"

"等等？等等？"萍突然失控地大喊，"你是个卖车的！每天回来就跟我谈车车车！如果你买得起一辆车，我何至于在这里一站就是一个小时！"

这句话，是一个致命打击。

相信很多二十几岁的男人,和萍的男友一样,都遭遇过这样受伤的时刻。

他终于知道,她要的,他没法给。

所以,他提出分手。

分手以后,只用了一年,他就买了车。

又过了两年,他已是行业的销售精英。

再想起萍的时候,他其实是从内心感谢她的。

其实,我见过很多成功的男士,都是从这样的经历走过来的。

没有一个男人,愿意和一个对自己的工作和社会地位不满的女人交往,除非他是闹着玩而已。

不管他从事什么样的工作,他都希望与一个认可他崇拜他的女人在一起生活,就像秀那样。

如果你喜欢这个男人,就一定不要抱怨他的工作和收入,哪怕你只是随口说说。没有什么比抱怨这个更让他觉得不愉快的。

也不要在他面前赞叹别的男人多有钱,特别是与他年龄相仿的其他男人,虽然你不是有意的,但他会感觉自己受到了严重打击。

有些话,一说出口,就再也收不回来。

有些快乐,是不需要花钱的。

有些工作的意义和成就,也不是用收入来衡量的。

如果你爱他,就请对未来充满乐观,支持他的工作和梦想。

038

好怕你闹情绪

> 情绪，是无法控制的。但它能被管理。

女人闹起情绪来的时候，真可怕！
突然就不高兴了！
莫名其妙发脾气。
管不住自己的大脑，控制不住地胡思乱想。
更管不住自己的嘴巴。
什么话难听说什么，完全刹不住车。
看见什么，听见什么都觉得别扭。
钻牛角尖，翻旧账，胡搅蛮缠，不讲道理。
冷着脸，面目可憎，无名火起，眉毛鼻子拧成一团。
其实她一边发火，一边心里也明白：我在闹情绪，他没有惹到我。
刚开始他还迁就一下你，后来，问题就大了……

情绪发泄过后，觉得自己怎么这样？好讨厌！好后悔！
道歉，觉得他被自己折磨得好可怜。

恶语伤人。
女人闹起情绪来的时候，像个泼妇一样，才不管那么多呢。
"我也明白是我不对，但就是控制不住。"

最怕的还有一种：你咆哮、吵闹、火烧眉毛。
他却一直沉默。
憋到内伤！

情绪，是一种负能量。
它极大地影响着男人和女人的关系。
每次闹完情绪之后，两败俱伤。

情绪，是无法控制的。
但它能被管理。
首先，你要意识到并接纳它的存在，不要逃离和回避它。
进一步，你可以探索自己在什么样的情况下，容易闹情绪。
当你意识到，情绪和压力有关，那么，你可以想办法为自己减压。
如果你察觉，情绪和长期积累的抑郁有关，那么你不妨去看一部悲伤的电影，痛哭一场，彻底释放！

当你再次想要闹情绪的时候，请尝试先深呼吸几次。

将心专注到呼吸上，而不是专注到惹恼你的事情上。

停一停，情况也许就有所改变。

当你有意识地想去"调节"它的时候，负面情绪就会慢慢舒缓下来，渐渐消退。

情绪，是会永远存在的东西。

但如果你学会管理藏在身体里的、隐隐作祟的负能量，它就会变得柔顺，不再扰乱你的心。

039

不要认为你要什么，他"应该知道"

> 怨妇是怎样产生的？

一个女孩给我写信，说她最近很不开心。

"我的男朋友是个很笨的人，他总是不知道我要什么！而且，我们总是信息不对称，我跟他说什么，他都不明白！有时候，他说话能气死人！

"比如，最近他出差了，一走就是一个月，我在网上和他聊天，问他：'你什么时候回来啊？一走走那么久！'他就没好气地回答我：'你以为我想走那么久吗？这边天寒地冻的，还吃不好！'

"快点回来吧！

"别催了！越催我心越乱……真的是回不去呀！

"听他这样一说，我的火噌地就上来了！他完全不知道我说这些话的意思是什么！我的意思是，你走了，我一个人很孤独，很希望他能感到内疚，能对我更好一点儿！我哪想听他说什么工作忙回不去的废话呀！我最希望听见的，不就是一句'我想你了'而已！"

面对这样一封充满怨气的来信，我的回答就只有一句话：

"你问一句'你想我吗'会死吗？"

一个不会离开的男人

040

神经大条一点儿好吗？女人

> 你能不能不要那么敏感？

阿芬是一个演员。也许是职业的缘故，她也是一个敏感的女人，容易感到孤独，所以，每天老想着给男朋友发短信、打电话。

只有听见他的声音，她心里才觉得踏实！

有时候，男朋友忙，没接到她的电话，或者接到了匆匆挂掉，她的心情就会突然变得很差！

有一次，她挂电话时，说了一声"拜拜"，但是没有听见男友的回应，电话那边就传来了忙音，她一下就觉得难受了，马上打过去，说："你还没有跟我说'拜拜'呢！"男友听她不高兴了，赶紧给她补上了两句"拜拜，拜拜"，她马上高兴地把电话挂了。

但是，这种情况是遇到了她男朋友心情好的时候。

每个男人，都有低潮期，有不顺利和烦恼的时候，最直接的表现就是不想说话。

这个时候，听见电话响了，不管是谁的来电，他都会很烦。

他宁愿跟你网上聊天，也不愿意张嘴说话。

但是阿芬不知道啊。

有一天，阿芬在外地拍戏，到了下午，她想，他是不是该吃饭了？就给男友打了一个电话。谁知道，男友在电话里说："电话费那么贵！你就是问我吃饭了没有吗？我现在很忙，晚上网上聊吧！"

电话挂掉以后，阿芬感到崩溃！

"电话费那么贵！"刺痛了她。

她在一瞬间觉得自己对他的关心还不如电话费呢！

好吧！那我以后不打给你了！她装作轻描淡写地给男友发了个短信。

男友早已熟知她这一套，根本不理她。

这下，阿芬快要疯了！

她一气之下，把手机关了，决定直接"消失"。

她对自己说：阿芬，从现在开始，你要一直忍着，不准给他打电话，也不要去想他！你要做不到，你就是×××！

然后她就去和朋友玩，但是，玩得还是不开心。

她老想着把手机打开。

她最希望的是，有无数条他的未接电话，有无数条他的道歉短信。

谁知道，没有他的任何消息！

阿芬内心快要出血了，一个晚上没有睡好，感觉严重受了内伤。

第二天，男友来电话了，语气正常，仿佛什么事都没有发生一样。

经过一夜的折腾,这个时候的阿芬的想法已经从"再也不理他"变成了"只要他再和我联系……"

她把昨天的心路历程给男友讲了一遍。

男友笑了:"我昨天确实很忙,很烦,不想说话呀,除此之外,根本什么事都没有嘛!你至于因为这个就寻死觅活,还要和我分手吗?你能不能不要那么敏感,懒一点,懒得纠结,懒得计较行不行呢?"

阿芬拿着电话,尽管他在批评她,她还是觉得很开心的!

041

你应该有一份自己的事儿做

> 经济独立的女人，日子好过。

有一个世俗的偏见是：女人不要太强了！你在事业方面越成功，就越不好找男朋友。

是这样吗？

看看身边，好多优秀的女人，不也找到了另一半，生活得很幸福吗？

你有一份工作，并且是行业精英，并不意味着你就是令男人恐惧的"女强人"。

你的成功，不会让男人退避三舍。

他反倒是希望你拥有一份自己的事业。

首先，女人拥有自己的事业才能拥有圆满人生。生活中，除了做饭、洗碗、擦地板与带孩子，还有其他重要的事。工作可以帮助女人实现自己的梦想,也可以让女人拥有一份家庭之外的天地。这样,她才不会将男人视作整个世界,有一天这个世界暂时离开,或者出现什么状况,她才不会崩溃。

我们所做的工作不但可以丰富我们的履历,还可以提升我们的阅历,扩大我们的眼界,丰富我们的生活,有时还会带给我们无穷的力量。

当你正在做一份你热爱的工作时,你的心理状态一定是很好的。

即便你依赖在能养你的男人身边,感觉到片刻的幸福快乐,但当他离开去工作,你留守家里,内心深处一定会觉得冷寂。有时候,你会在某一刻,想起一个叫梦想的东西,那一刻的感受五味杂陈,不是"酸楚"二字就可以概括的。

人生想要喜乐自在,必须要有一份自己努力投入的事业。

往大一点讲,我们每个人都是社会的一分子,哪怕你只是很小很小的一个人,但是,你做的哪怕是微不足道的事情,也是在推动时代的进步,也是在服务大众,让人们的生活更加丰富便利。你的工作也是在回报社会。

两个人都有自己的工作,既彼此独立,又相互依靠。

独立的女人很迷人。

每天傍晚回到家中,会有很多的话题可聊。如果你天天在家,恐怕聊天的内容就只能是"这个菜咸不咸""明天想吃什么"啦。

两个人都有工作，不管挣多挣少，生活也会宽裕一些，至少你不会买个小东西，都要伸手问他要了。

经济独立的女人，日子好过。

两个人都工作，星期六和星期天就会更加有意思。

有时候，"干练"也是一种美。

男人内心深处渴望的女人，真的不是一个天天守在家里等着他回来的那个。

即便他养得起你，你也最好有一份自己的工作。

找到一份真正喜欢的事来做，就不会觉得上班辛苦。

当你的工作取得了成绩，他会给你欣赏和鼓励，你们可以一起来分享喜悦。

你还会拥有工作环境里的同事和朋友。朝九晚五之外，偶尔出去聚一聚，聊一聊，也是快乐的事。

意识到这一点，越早越好。

千万不要让自己有了依靠之后，就彻底与社会脱轨，只活在自己的世界中。几年之后，等你醒悟，已经远远落后。更可怕的是，那时候，你已经自信尽失，无力追赶。

请记住：女人，最好的依靠，是自己。

有了自己的事业，在关键的时候能帮到自己，不至于到时候没有退路。

042

与你们的问题和平共存

> 世界上没有完美的伴侣，
> 也没有完美的关系。

在你和他相遇之前，你们是在各自的环境和习惯中生活了二十几年的个体。

现在在一起了，朝夕相处，各种小问题的出现是不可避免的。

要学会与这些小问题和平共处。

比如，你喜欢早睡，他喜欢晚睡。

你是南方人，喜欢吃米饭；他是北方人，喜欢吃面食。

比如，他喜欢把东西随意乱扔，而你有轻微的洁癖。

有些问题，是能得到解决的；但有些问题，不需要去解决，只需要和它和平共处就可以了。

一个聪明的女人，不只在生活中，在职场，她也懂得和问题共处之道。

世界上没有完美的伴侣，也没有完美的关系。

出现状况是常态，完美无缺只是理想而已。要相信，任何问题，都有解决之道。

一些烦心的生活事件，就算可以得到解决，它也有可能不是一朝一夕就能解决好的。在情况变好之前，我们必须要坦然接受它的存在。

当你发现了一个无法立刻解决的问题的时候，你先置之不理，继续正常地生活。这并不表示，你在逃避它，你只是不想受到它的影响而已。

你把烦恼放在它应该存在的地方，不要每时每刻都去想它，更不要拿到两个人的餐桌上来讨论，更不要把它带到床上让自己失眠。

搁置它！

不理它！

随遇而安、坦然接受。

也许有一天，你再想起时，它早已随风而散。

另外，"出现问题"也不是完全糟糕，它让你们有理由在二人世界里多摸索，多学习，领悟更好的相处之道。

人生重大的事情其实就那么几件。

烦恼不烦恼，安宁不安宁，都在你的一念之间。

如果什么事情都要装在心里，想起来就烦，这日子没法过了。

043

信任他

> "分手不可怕"这个念头,
> 是治你不信任的良药。

每隔一段时间,米璐就会到咖啡馆找我聊天,说说她找的那个"不省心"的男友。

她男友是一个很有女人缘的人,而且跟过去的女朋友相处的时间都不长。虽然他现在说要和米璐好好在一起,但是,米璐总是不相信他。

总是会产生不好的幻想,

特别是因为他有过前科。

只要他有一点儿反常的举动,她就开始往坏处想,甚至无法停止。

每时每刻都在担心,

担心他不爱自己了,担心他有了别的"状况"。

比如今天,他手机老是"不在服务区"。

打他家里,没人接;打到办公室去,说他不在。

怀疑和不安让米璐完全失去主张。

她只能来找我聊天,好让自己不要抓狂。

我看她真是矛盾极了。

一边胡思乱想,一边还在心里替他开脱:

"也许是在开会,在地下室的会议室开会,所以手机没信号。"

唉!我叹叹气说:"你找来找去,偏偏要给自己找一个'不省心'的人!"

"是啊!"她点点头,"其实过去也有那种情史简单、死心塌地、让人省心的男人追我的。"

"可是,你又不喜欢人家,不是吗?"我笑了。

米璐,你自己仔细分析过吗?

为什么你总不信任他?

1. 不信任,是因为害怕。

"是,我怕失去他,怕受伤。"

2. 不信任,还因为不自信。

"是啊!我知道他有过很多女朋友,她们中有的比我出色,有的比我漂亮,他们最终都分手了。所以,我总是怀疑:我们凭什么在一起?会不会还有比我更优秀的女人出现……"

3. 不信任,是你自己的选择。你选择不去相信他。

"嗯!这个选择,让我生活得很辛苦。"

那么，既然这个选择已经很痛苦了，

你能不能试试做一个不一样的选择呢？选择相信他。
看看结果怎么样呢？

既然你不能把他从一个"不省心"的人变成一个"省心"的人。
那么，你只能从改变自己开始。
有一种男人，对人都很好，注意，不只是对女人。他们很博爱。
只要别人对自己好，就会对别人也好。有的时候，只要你自己的心够大，不要太在意，就不会受伤害。
有时候，信任需要一点点智慧。有时候，它更需要勇气。
它是你对另一半的深层次的认识之后，主动选择的包容。

还有就是，放下恐惧，不要害怕。
就算被他骗了，又怎么样呢？
就算是分手，生活不是得照样继续吗？
"分手不可怕"这个念头，是治你不信任的良药。

还有，如果你爱他，完全不求回报，那么你也不会有信任问题。
你能做到爱一个人不求回报吗？
在无常的生活里，
你敢不敢冒一个风险，选择相信？

044

对他母亲好，就是对他好

> 将心比心。

曾经看过一个小调查——"80后的年轻人，最苦恼的事情排行"。排第一的，竟然是"婆媳关系"。

的确，每一年，我的邮箱里，总会出现好多这样的读者来信，把它们放在一起，光标题就已经够触目惊心：

"婆媳大战开始了。"

"他妈让我无语了。"

"她为什么总是看我不顺眼呢？"

"婆婆太让人受不了了！"

"无论如何，都没办法喜欢上她……"

"一去他家就不爽！"

"老公对我没有对他妈妈好，怎么办？"

"下辈子要嫁个没妈的男人……"

很巧的是，伴随这些邮件发来的，还有另一类邮件：

"我好烦啊！他迟迟不带我见他的父母。他是不是没那么喜欢我？"

所以，可见，人生就是如此充满了矛盾和苦恼。

我不知道那种希望"下辈子要嫁个没妈的男人……"的女人是怎么想的，一定是太过于爱自己了，以至于忘记了一个最基本的常识：

没有妈的男人存在吗？

将心比心，如果有一天，你所爱的人讨厌你的父母，你怎么想？

"老公对我没有对他妈妈好，怎么办？"

你老公对妈妈比对你好，这不很正常吗？你和他才认识多少年？他和他妈认识多少年了？

从他带你见他父母的那一天开始，你就要知道：能走到一起，不容易，要珍惜。

你知道有多少女人在谈着一段不会有结果的感情吗？男人基本上采取的方式就是拖，仍然与你约会，但内心在等待一个更好的人出现。带你见父母，那根本是不可能的。

除非他确定要和你长久交往，他才会将你介绍给父母认识。

他其实是很紧张你和家人的见面的，因为你们对他来说一样重要。

而且你要相信，一个男人，他一定是愿意找一个父母不讨厌的女孩子来交往的。

如果有一天，他把你带去见他的父母，他一定希望你能得到他的亲人的认可。希望你贴心又聪明，和他的父母相处和谐。

当你和他的母亲在一起时，请拿出你对她的敬重。

体谅和包容她，建立起彼此的亲密感。

发自内心地对他妈妈好，就像对自己妈妈一样好。

去他父母家的时候，不要穿得太暴露，话不要太多，和爱人不要太亲密。

不要让他家人觉得他时时处处都在照顾你。

不需要刻意地嘴甜和讨喜欢，空闲的时候，陪他家人聊聊天，帮忙做些家务活。

在重要的日子送一点儿小礼物。

与他的父母一起过节，一起旅行。

如果你成功地和他的家人融洽相处，他会对你感激不尽的！

如果你总是和他的母亲明争暗斗，冲突不断，他必定会觉得生不如死。

如果，你们相处得不是很融洽，你要学会克制自己的言行，尽量有礼、包容。

你一定要对自己说：对他妈好，就是对他好。即便她有时对你有意见，也不要太在意，宽容一点儿。必要时，要学会退让、迁就和沉默。

即便他妈妈脾气古怪，不喜欢你，你也没必要烦恼，做到你该做的，礼貌、友善。你的爱人会将一切看在眼里，会对你有所补偿。

至于那个千古的问题：
婆婆为什么老看媳妇不顺眼呢？
答案我真不知道。
可能有一天，我们自己当上了婆婆，就知道了。

一个不会离开的男人

045

即便确定他永远爱你，也要经常打扮自己

> 无论什么时候，女人花一点儿时间来让自己美丽，还是会让男人动容的。

小心是我认识的一个漂亮女孩。刚来北京时，我们曾住过同一个公寓宿舍。

她有多漂亮呢？

有一天，我在宿舍睡懒觉，她起床骑车去上班，过了半个小时就回来了。我问她："怎么了？"她说，她骑车走在路上，一辆车开到她身边，里面坐着个男的，一定要跟她要电话，她一路骑，那人一路跟着，最后她觉得很害怕，就骑回来了……

漂亮女孩在北京奋斗，还是有一些优势的。比如聪明的小心，就从来不会苦恼找不到工作，也从来不担心会被工作单位炒掉。在不同的行业跳来跳去之后，这个姑娘终于搬离了我们合住的公寓，奔向她更广阔的人生。

过了几年以后，我和几个朋友在一个俱乐部玩，突然有人过来拍了一下我的肩膀。

我回头一看，原来是曾经一起吃苦的朋友小心啊！

我欣喜若狂，赶快拉她坐下来聊天。

你一言我一语中，我注意到她手上戴着一枚闪亮亮的钻戒。

于是话题很快转移到了她老公身上，如何巧遇，如何恋爱，如何步入婚姻……

在她的滔滔不绝中，我不能不注意到一个细节：

她，没有洗头！

过去，她一头齐耳短发，蓬蓬松松，光泽亮丽，充满朝气。

现在，头发长了，却蓬松不再，油亮亮的没有型。

这件小事并不会影响到我们久别重逢的喜悦。我仍然为她找到了终身伴侣而高兴。

我只是暗自地希望，一纸婚约，不要让她身上的优点和美丽渐渐消失。

"你看我现在是不是比过去胖了？"她问我。

我看了看，点点头。

"结了婚，踏实了，真的是心宽体胖，能吃能睡，体重直线上升……嗨！管他呢，反正已经嫁出去了！"小心无所谓地说。

一个男人，在交往初期最看重的是你的外表，然后，他会关注你的内心和性格。如果他决定和你组建家庭，你的外表一定不是最重要的，这一点毋庸置疑。但是，不要因为这一点，就放松对自己的打理，不要让他觉得你结婚以后，就变得随便了、懒了。

无论什么时候，女人花一点儿时间来让自己美丽，还是会让男人动容的。哪怕只是脱掉运动鞋换上了一双高跟鞋，或者抹了一点口红。你为美丽所做的一点点小事情，会让他随时感受到，你是一个女人，那个柔弱的、爱美的女人，他会为你的改变而感到欣喜。

女人一旦感情稳定，就会有所松懈。
反正也不会被甩了，何必再那么辛苦打扮自己呢？她可能会这样想。
但是，仔细想想，当他结束一天的工作，回到家中，家里被你收拾得纤尘不染，充满了温馨的香气，但是，你却头发油腻，穿着三天前的那件衣服，一身油烟味儿。他会不会觉得尴尬呢？他怎么和你亲热呢？
至少要保持头发的清洁吧，还要穿干净的内衣。清清爽爽的女人，会让人觉得心情愉快。
就算是冬天，也要把腋毛刮干净！
有时候，一点点邋遢的信号，也会让感情萎缩。
他也许不会在乎你是胖还是瘦，也不会在乎你的眼睛是大还是小，但是他一定会在意你是不是像个女人一样，从内心关爱和照顾自己。他不希望你因为他的存在，而忽略了自己的美丽。
两个人要长相厮守，就更不能懈怠。

当他和你一起出门时，他希望带一个光鲜亮丽的女人。哪怕在出门之前，他要忍受漫长的等待你打扮的时间。

当你察觉自己衣衫邋遢、开始变懒的时候，一定要有危机意识——人生到了危险的时候,女人!真不是危言耸听。

即便感觉他永远不会甩掉你,你也要随时重视穿着打扮,保持自己的活力和美丽、洁净和性感。

每天洗头,修修指甲,定期换新的内衣,买香水,保持自己的妩媚动人需要很多琐碎的工作,但这些事情不会浪费你的时间。你在干这些与美丽有关的事情时,他会觉得开心。当他发现镜子前多了一瓶新款香水时,他一定也会去欣赏它,并且和你一样,从内心感到高兴。这就是令人愉快的生活细节。

一个不会离开的男人

046

关于SEX的1234……

> 你所知道的和不知道的。

01 - 他喜欢有趣的SEX。
02 - 他喜欢多样化的SEX。
03 - 从青春期开始之后的很多年时间,他们满脑子都是SEX。
04 - 对他来说,SEX是减轻压力最好的方法。
05 - 有时候,他会很紧张,他很在意自己在床上的表现。
06 - 不要在SEX开始之前、过程中、过后的一段时间,谈论其他的男人。
07 - 更不要提跟别人的性经历细节。
08 - 不要第一次见面就上床。
09 - 与你喜欢的男人上床,能晚一点儿,就晚一点儿,急什么。
10 - 尽量让他来掌握节奏,不要老催他、控制他。
11 - 假装高潮只能骗二十五岁以下的男人。

12 - 他取悦你,想要验证:我最棒!

13 - 要对自己的裸体感到自信,每一个人都是独一无二的。你越自信,越性感。

14 - 他喜欢有变化的SEX。

15 - 但有时候,慢慢来也挺好。

16 - A片是骗人的。

17 - 如果他做完倒头就睡——就让他睡呗!

047

很多事情，看似理所当然，其实是努力的结果

> 珍惜每一天共处的时光。

我们总是以为，别人的生活比自己幸福。

好多女孩子，总是忍不住羡慕别人："看看他们两个，过得真好！""他们是我见过最融洽的情侣，人家好像从来不吵架！"

别人的幸福看起来似乎遥不可及。

别人的幸福看起来似乎是理所当然的。

其实，那些幸福的女生，不比任何人优秀或聪明，她没有什么爱情魔力的相助，只要你愿意努力，你也能拥有。

首先，你要有满满的热情去追求或维持幸福，它是需要投注大量心力和时间的。

比如，两个人互相扶持，这听起来，是一句很简单温暖的话，但是落实到生活里，你能做到当他遇到挫折时，不抱怨不着急吗？当他告诉你，他失业了，或者要去从事一项并不挣钱的工作时，你能对他说一句"没关系，我养你"吗？

两个人同甘共苦，一起经历过煎熬的时光，才能得到生活回报给你的那些闪亮的瞬间。

还有，两颗心的共鸣，不是天生就来的。当他想看一部电影，而你想看另外一部的时候，你能做到舍弃自己想看的，并且不带任何情绪地陪着他看，甚至像他一样去欣赏、讨论吗？

知己知彼，相互尊重。你要充分了解另一半的个性。
如果他性格刚烈，就一定要避免正面冲突。
如果他吃软不吃硬，那么撒个娇比据理力争更有效。
如果他爱面子，就别在别人面前赌气、争执，给他难堪下不了台。
为什么每次都要他容忍退让，你偶尔让他一下又何妨呢？有必要去执着于表面的"胜利"吗？懂得了分寸的掌握，哪怕看似你在示弱、退让、迎合，其实已经达到了双方都开心和谐的双赢局面，何乐而不为呢？

努力，随时都可以开始。
努力和他不费力气地好好生活，不"作"、不闹，让生活丰富充实，不要总去追求"意义非凡"，轻松自在就是最好的。

努力在生活中发现细小的惊喜：你们养的鱼又长大了一厘米！雨点打在玻璃上真好看！或者发现他给你画了一幅铅笔画。

随时感恩他的陪伴。

两个人虽然已经在一起生活了，但仍然需要相互尊重。

不要认为他为你做什么事都是理所当然的。

随时要想：我能为他做些什么？

体贴和善意，和平相处。

勾勒你们两个人的理想生活，和他分享，一起为之努力。生活要充满美妙的梦想，才会更有意思。不要担心梦想不切实际，一切都有可能发生。

珍惜每一天共处的时光。

记住你们那些温馨的记忆，时不时拿出来两个人回味一下。

试着去做一些你以前不会做的事情，除掉那些无益于你们的事。

让你们的生活进入一种良性循环，不管需要花费多少时间，都值得一试。

048

安静下来

> 清理清理那些无谓的消耗你心神的事情，记住那些值得你全心全力投入的事情，大脑清澈了，生活才会轻松自在。

很多女孩子，找到另一半之后，就一直处在兴奋状态下。每天总想着怎么快乐地和他在一起，脑子一刻不停歇，老想给他打电话，想怎么给他制造惊喜。晚上他回到家里，总是迫不及待地向他讲述这一天的事情，就连睡觉前也是，两眼发光，嘴巴不停，打打闹闹，一点儿不消停。

一个男人曾经跟我讲他的心里话：我很爱她，但是，我好希望她能安静十分钟！

嗯，其实，安静十分钟，一点儿都不难啊。

像刚才那样一刻不消停的女孩，其实是生命力旺盛、充满活力的表现。但是，人的能量也是有限的，每天，我们都在职场和家庭中间大量消耗自己。能腾出一点儿时间，给自己安排一段"宁静时间"，休息休息大脑，闭闭嘴巴，对能量的补充，消除工作上的压力、人际交往的烦恼是很有帮助的。

静下来的时间，可以看看书、写写日记、泡泡澡、冥想、呼吸。寻求内心的安宁，从而获得平和的心境。

如果你每天能有十分钟让自己安静下来，你更能发现时间和生活的意义，更能看清楚生活里发生的事情的轻重主次。

清理清理那些无谓的消耗你心神的事情，记住那些值得你全心全力投入的事情，大脑清澈了，生活才会轻松自在。

你有没有过那种感觉：有时候，说话太多之后会感到深深的疲惫。说话是很耗费精力的，静下来以后，你消耗掉的精力才能慢慢复原。

静下来的人，会在晚上更容易入睡。睡得好的人，第二天精力充沛，心情舒畅，看谁都觉得好看，脾气也变得很好。

两个人在一起，总有身心俱疲的时候。每天腾出时间让自己安静安静，也给了伴侣修复心神和体力的时间。

对努力经营亲密关系的两个人来说，这是值得尝试的做法。试试吧。

049

抛下他，去旅行

> 你的生命里，除了"家"以外，还有"路"。

当我们处于日常生活中，旅行的地方就成了一个令人向往的地方。
当我们走在路上，家又成了一个让人想念的地方。
所以，我们需要旅行，需要变换地点，变换角色。把重要的东西互换一下，让它们由此变得更重要！

找个时间，抛下他，让自己做回一个单身的过客吧！
路上的一切都是那么迷人和美妙。
带着你的相机，去拍照，去感受，接收另一个地方的新鲜。
你有没有发现，在旅行途中，你会突然像变了一个人，充满活力，笑容也更加好看。
喜欢旅行的人，会很容易在生活中找到乐趣。这不正是他想和你在一起生活的重要原因吗？

为什么要抛下他去旅行呢？

因为你需要做回你自己。

在这一段时间之内，你最优先考虑的是：你不是谁的女朋友，也不是谁的老婆，谁的母亲。

你会抛下那些日复一日的日常生活中的琐碎事务，轻松愉快地做回单身的你，珍惜每一分钟，寻找美景，放松心情。

你的生命里，除了"家"以外，还有"路"。

女人心思细腻，情绪不稳，所以容易受外界事物的干扰。生活中老是看着自己那点儿痛苦，走在路上，你会发现，生活里好多痛苦和不安，是不值得的。

看看外面的世界。

看看别人怎么生活。

你就能把心打开，把关注的事情向外扩展，而不只是关注自己。

将自己完完全全地放入度假的心情中。

去寻找你从未到过的大街小巷，行走在丛林，看一看大海，徒步，攀登，驻足远望，排队，问路，结交朋友，探访古迹，直到你开始想念你的家。

旅行会使人生变得更美好。

每一次在路上的体验都是独一无二的。每一次走出去，都会留下许多闪亮的回忆。

当你回到家里，

你会发现自己晒黑了，身上朝气蓬勃。

你的眼睛似乎更明亮了，声音更好听，味觉也更灵敏。

旅行回来以后，你会发现他看你的眼神不一样了。

你的热情与活力也会感染他、激发他。他会更加爱那个心胸开阔、内心坚定的你。

一个不会离开的男人

050

扩大你的视界和心胸

> 多看书。

01 - 在家里挂一幅世界地图或者摆放一个大大的地球仪。圈出你去过的地方和国家。时刻提醒自己：你生活在一个大大的、精彩的世界。

02 - 不要总是打开电视就看电视剧，经常看看新闻、纪录片，了解其他国家发生了些什么。

03 - 多看书。

04 - 去旅行。

05 - 学习另一门语言。

06 - 尝试阅读其他地方的报纸。

07 - 去进口食品商店买好吃的。

08 - 接触艺术。

09 - 看外国剧团的演出。

10 - 和其他国家的朋友一起出去吃饭。了解他们的宗教信仰、风俗民情，了解他们是怎么看这个世界的。

11 - 看植物百科，了解不同的花与树的名字。

12 - 读不同国家的诗人写的诗。

13 - 争取出差的机会，出去工作一阵子。

14 - 学习一样偏门的乐器。

一个不会离开的男人

051

适时"露一手"

> 当你乐在其中的事情越来越多，令你感到自豪的时刻也越来越多时，你会变得更加独立而有安全感。

妮子是一个古灵精怪的女孩。我们都喜欢跟她聚会，因为她天性快乐、能吃能喝，还会想到很多新奇的游戏来和大家一起玩。

我最难忘的是，有一天大家来我家做客，她突然掏出了一只小小的彝族口弦，说是去四川旅行的时候花5块钱淘的。客人们看着那小小的四页铜片，想象它作为乐器，会发出什么样的声音。

妮子把口弦放在唇边轻轻拨弄起来，她轻轻张开嘴，并变换着嘴形，四个嗡嗡作响的单调的音调开始有了婉转的变化，质朴动听的口弦声让大家都听呆了。妮子的男朋友一直面带微笑地坐在旁边，很显然，他已经看过妮子的表演了，但是，此刻，他很享受大家对他女朋友那种惊讶又赞赏的目光。

每一天，你在平常的生活里，有很多工作要做，要照顾自己，照顾他人，收拾屋子，外出购物……其实，人充沛的能量应付生活是绰绰有余的，何不将一些精力转移到"有一手"上？

通过练习，发现和发扬自己的奇才异禀，当你花一点儿时间让自己"有一手"之后，就要适时地出去"露一手"。

如果你会唱歌，你应该在做饭和洗澡的时候努力练习，以便在需要的时候，展露歌喉。

去酒吧玩的时候，看见墙角有一个吉他，你随意地拿起，弹出令人惊叹的solo。

展示你自己手工缝制的手机吊饰。

给对面的朋友画个自画像。

或者拿出扑克牌，像一个魔术师那样表演一下。

就算你自认没有"艺术细胞"，你也可以在平日搜集笑话，在聚会的时候讲一个意味深长的冷笑话，也会让人对你印象深刻。当然，这个笑话一定要高级，不要那种在网络上泛滥的段子。

麻木地生活太久之后，适时表现自己与众不同的地方，会让自己散发出明星一般的风采，给人带来"目眩神迷"的感觉，成为众人瞩目的焦点，连自己都对自己刮目相看，他也会因此面子大增。

懂得适时地表现自己，让自己繁忙的生活脚步暂停下来，改变别人对你的刻板印象。

别忘了欣然地接受他们对你的佩服与赞美。

这样做，同样也能激励自己。

让自己多才多艺起来。

去学习如何踏实地掌握一门特殊才艺，而不要只是纸上谈兵。

你可以去重新捡起小时候喜欢但后来荒废了的爱好，也可以去学一个你过去觉得自己绝不会喜欢上的东西，没准，你会改变自己的想法。当你爱上它，你会愿意持续地花时间去深入探索。这个过程中，你的自信也会大幅提升。

有时候，你的专长，还能解决你的困境。

比如，公司年会的时候，主管催着大家报节目，而你们部门谁都退缩不前。这个时候，你完全可以挺身而出，让大家眼前一亮！

我又想起另一个朋友，她会画画，还会种多肉植物，会自己做果酱，还会弹古琴，她自己设计了好多手链，更神奇的是，她还买了一个小缝纫机，自己在家做衣服给自己穿！

她每天都有大量的时间，沉浸在自己喜欢的事情里面。她的男友也没有因此而埋怨她陪伴他少了。他总是用欣赏的眼光去看她。她让他充满了骄傲。

当你乐在其中的事情越来越多，令你感到自豪的时刻也会越来越多时，你会变得更加独立而有安全感。

别人不会再用"某某的女友"，或者"某某单位的某某"来简单定义你，在他们的眼里，你是充分享有人生主控权的多才多艺、充满活力的女人。女人，有时候真的会很在意别人怎么看你的，生活在阳光的评价里，不是会更幸福吗？

052

不要怕老

> 每个女人都可以选择优雅地老去。

好怕啊,怕变成黄脸婆。

小的时候看人家三十岁的女人,就觉得是很大的大人了,没想到一晃,自己也到了这样的年龄。

只要是过去的照片,不论当时有多么不喜欢,现在再看起来,都觉得好看。

每天站在镜子面前,总觉得皮肤没以前白了,眼袋和黑眼圈也加重了,眼睛也比去年更加混浊了……

有的时候,遇见一个比自己小很多的靓丽女孩,就会自惭形秽……

可是,不管再怎么惧怕,老还是会来。

这是自然规律,抗拒无效呀!

所以只能靠自己来调节了。

我在尝试做到几点：

01 — 每个年龄阶段有每个阶段的美。

02 — 追随一个"不老"的模范人物，阅读她的传记和资料，或者亲自拜访请教，树立典范。

03 — 心态年轻就是真年轻，所以不管什么时候都要保持好的心态。

04 — 多发现和认同你不会老的那一面。

05 — 不要太在意外貌变化，这是可以后天修饰的。

06 — 不要总是活在怕老的忧虑中，那只会让你更老。

07 — 即便你现在还不到三十岁，也要作好准备。

08 — 从容一点儿。

09 — 要比过去更加爱惜自己、照顾自己。

10 — 该结婚结婚，该生小孩生小孩，做个辣妈也不错呀！

11 — 锻炼身体，保持活力和柔韧度。

12 — 走路做事多挺直腰背。

13 — 每天做面膜。

14 — 一定要做好防晒。

15 — 吃得清淡一点儿。

16 — 大量喝水，水是青春之源。

17 — 三十岁以后，开始有目的地补充维生素和胶原蛋白。

18 — 心灵的修养决定了你的面目。

19 — 你的心可以永远活在二十五岁，保持好奇心和敢于做冒险的事。

20 — "风采"这个东西，比容貌更好看！

我相信，不管什么年龄，都是人生的黄金时期，都会绽放不同的光芒。

每个女人都可以选择优雅地老去。

你现在做什么，吃什么，决定着你四十岁的样子。
你四十岁的心态和行为，决定着你七十岁的样子。

053

快乐而理性地花钱

> 不管他再有钱,他也不希望你乱花钱!

我们生活的这个时代,是喜欢富裕生活的。

两个人在一起生活,就应该认真面对财务问题。

你要让他因为遇见了你,生活变得更好。

你们两个在一起,变得更加富裕了,这是一件多么快乐的事!

有一点很重要,你一定要知道:

不管他多有钱,他也不希望你乱花钱!

我有一个朋友,不是美女,但她嫁了一个特别有钱的男人。有一次,在跟那个男人聊天的时候,他透露了一个很重要的娶她的原因:

"她虽然家境不错,但是,从来不乱花一分钱。出去吃饭,点菜的时候，从来不铺张浪费，她用的奢侈品，都是我送给她的，她自己从来不买。"

"漂亮的女人，看久了也就不漂亮了，我要找的是一个会过日子的女人……"

钱这个东西呢，是用来实现美好生活的。

我一直认为，不管你的钱财数字几何，只要不为生活而忧虑，那么你就是一个有钱人。

钱可以给你们带来自由，但如果你过分追求它，你就会不自由。

女人天生有管家理财的能力，你可不要荒废了它。

01 - 感恩你所有的一切，不要跟他抱怨你们的钱少，或者说别人怎么怎么有钱。

02 - 学习一些理财的基本知识，和一些会理财的朋友多交流。

03 - 用你们的能力和方式来"富裕"。对一些人来说可能开名车住别墅才叫富裕，但对你们来说，每年两次的外出旅行和每周出去吃一顿大餐，就很满足了。

04 - 清楚地知道你们有多少资产和债务，踏实地用你们的每一分钱。

05 - 虽然"能花钱才能挣钱"这个说法很流行，但是，如果你们不存，就真的永远没钱！

06 - 别期望一夜暴富，把所有的钱全投到股市这样的事不要做。

07 - 按时缴纳各种水电煤气费用。

08 - 随时在家里放一定量的现金，以备不时之需。

09 - 不要盲目地购买理财产品。

10 - 想花钱的时候停一停，认真想想自己的需求，能不买的就不买。

11 - 买东西能砍价就砍价，别不好意思。有的男人就觉得你砍价的时候最好看。

12 - 每月帮他和你自己还清信用卡。

13 - 定期给他的父母汇一些钱，尽尽孝心，你的父母也是。

14 - 固定存一笔钱，不到万不得已，不用它。

15 - 请他的朋友吃饭，给他的亲友送红包的时候，大方一点儿，千万别抠门！

16 - 如果他没有给自己买过保险，这个事情是该你来操心的了。

17 - 养成记账的好习惯，每月回顾账单，搞清你的钱流向了哪里。

18 - 将每个月的薪水中的一小部分自动转为定存，天长日久，你会发现钱越来越多。

19 - 不要因为他用这个月的薪水买了一台专业单反就大发雷霆，只要他喜欢，不要剥夺他用钱的权利。

20 - 要让他觉得，跟你在一起之后，他还是挣那么多，但是生活品质一下提高了好多。

21 - 虽然女人有了财权才有安全感，但是不要强迫他把钱交给你管。两个人商量着来。

054

他变了,好正常

> 你要和自己的失望作战。

有个女生说,刚认识的时候,他对我特别好,恨不得我生活不能自理,他才有表现的机会,可谓事无巨细,对我那叫一个好!

但是认识两年以后,他开始贪玩,开始嫌弃我不独立,依赖他,说他很累,嫌我伺候他伺候得不好。

她苦恼地说:**男人,为什么那么容易变呢?**

还有个女生,说他的男友也变了,从忠心耿耿、对天发誓,变成了爱跟女生耍暧昧,背着她玩劈腿的浑蛋。

她说:我真的不知道,是该让他卷铺盖走人呢,还是给他一次回头是岸的机会……

要知道，每一个女人开始认真恋爱的时候，她一定是希望和恋爱对象白头到老的。她希望爱自己的那个人，永远不变。

但是，变化是这个世界上唯一不变的东西。你越不希望它发生，它就一定会来到。

这个时候，怨天尤人是没有用的，你要做的，是对自己说：

他变了，好正常！

接受变化，在刚开始是一个艰难的选择，你要和自己的失望作战。

但是，你选择了那个每天厮守的人，你就得同时接受他的优点和缺点，不是吗？

接受变化，需要勇气。

需要你在一个个难堪难过的十字路口，作出不放弃的选择。

这种选择是会给你回报的，尤其是当贪玩的男人醒悟过来之后，他会更加明白你的爱与宽容，他也会再次发生改变，更加珍惜你们的感情。

在你发现他有劈腿的蛛丝马迹的时候，不要急于痛心疾首地提分手。

冷静地想一想，真的是无可救药了吗？

是哪里出了错？怎么会这样？该怎么挽回？

你问他：还愿意在一起吗？

如果他的答案是肯定的，你就告诉他：不管是好是坏，我们一起面对，苦乐与共吧！

在很多东西都变了的情况下，你们仍然相爱着，这更值得你们去珍惜。

　　走上过"迷途",还能"知返"的男人,往往会更知道你的重要,让你收获更加牢靠稳固的感情。

055

只要略施小计，就能轻松保持美丽

> 吃好，睡好。

01 - 每月喝一点儿胶原蛋白。

02 - 认真清洁，绝不要疏忽。

03 - 每天洗完脸，擦乳液的时候，用按摩手法把法令纹往上提，坚持做下去，效果显著。

04 - 随身带一只喷雾，做足保湿功课。

05 - 一定要防晒。

06 - 做完面膜之后，揭下来给脖子敷10分钟。

07 - 多喝绿茶。

08 - 果断戒掉各种甜饮料。

09 - 每天吃两小丸维生素。

10 - 换掉旧的彩妆，新款的睫毛膏和粉底液会让你更有兴趣给自己化个自信妆容。

11 - 早晚两杯蜂蜜水。

12 - 女人靠睡。

056

会收拾房间的女人最可爱

> 你可以不漂亮,但绝不能邋遢。

男人,可以忍受自己住在乱七八糟的房间里,但他,忍受不了有了女朋友以后,仍然住在乱七八糟的房间里。

单身的时候,他每天起床以后,想想晚上反正还要睡,就不叠被子。然后在沙发上随便捡一件脏衣服穿上。走进厨房,垃圾桶满得快要溢出来了,用过的盘子和碗堆在水槽里快要长毛,他选择视而不见,喝完了咖啡,哐啷一声,又把杯子撂进水槽里……

你以为他真的很享受这样的生活环境吗?

当然不是的!

他肯定希望有了女朋友以后,能生活在一个空气清新、窗明几净的环境中。

你的出现,能拯救他于脏乱差之中,他会很感激你的。

打开窗户,清洗窗帘,让阳光照射进来。

清除房间里所有的杂物,杂物太多,灰尘也堆积得多,拥挤的空间还会让人产生压抑感,让房间里的东西尽量少一点儿,空出来,才能保持清新和洁净。

拍打沙发垫子,清洗沙发罩。

擦洗玻璃窗。洗净后透明的玻璃会让人心情愉快!

换掉床单被罩。干净、明亮、温馨的床品换上以后,晚上钻进去的那一瞬间感觉特别舒服!

把卫生间擦得纤尘不染。

把所有的脏衣服都洗了,挂在阳台上接受阳光的照射。

给绿色植物换水,擦洗叶子,摆在阳台上去晒晒太阳。

扔掉所有的垃圾,盖好垃圾桶。

点上香薰精油,带来更好的心情。

换一种空间,换一种心情。

你收拾好了屋子,也是给他的一种"惊喜"。

房间干净了,空气流通了,不但心情变好,风水也会变好。

你会发现,你们的关系更好了,工作也更加顺利。

你可以不漂亮,但是不能邋遢。

对容貌是如此。

对家,也是如此。

057

拥抱不是越多越好

> 你自己感觉好甜蜜，陶醉得不行，哪里知道他正有苦难言。

人为什么喜欢拥抱？

是因为我们的皮肤会饥饿。

皮肤饥饿的时候，会渴望抚慰，希望得到抚摸和拥抱。这一点，男人和女人是一样的。

每天，给你爱的人一个拥抱，是从皮肤抵达内心的一种交流。

但是，拥抱不是越多越好。

每天不要超过三个。多了，就不再珍贵。

也不要学习影视剧里，冲过去，狠狠地搂在一起，除非他刚去探险回来你们一年没见了。

男人对女人的"夸张"示爱，有时是有些反感的，只是他不会说出来而已。

具体该怎么拥抱，这个因人而异。

总之，合适就是最好的。

满满的爱意，揽住对方，感受他的心跳。

温柔的拥抱，让爱人得到安慰，但要知道适可而止。

不要一天无数次向他索取拥抱，甚至像个牛皮糖一样黏在他身上。

太多太频繁的亲密接触，会让男人害怕，他会觉得你变成了一个重担，总是不断在索取、索取……

黏着，赖着，会让他喘不过气。

你自己感觉好甜蜜，陶醉得不行，哪里知道他正有苦难言。

你可能还不知道，你越迷恋越黏着他，你的魅力值就越低。过度依恋，会让你失去神秘感，让本来甜蜜的事情变得普通单调。

所以，女人，不要因为太爱他，就紧紧抱住不放。

你该知道，如何拿捏分寸。

要学会放弃"不依不舍"，尽管你心里很渴望他。

当你学会马上转身，过不了多久，他就会来找你……

058

永远不要喝个烂醉

> 女人,你的豪饮和烂醉,换不来男人的爱意。
> 你只是让自己一再出丑而已!

我开的咖啡馆附近,有好多餐厅和酒吧。很多个晚上关门出来,都会在路边见到喝醉的女生。

她要么被两三个好友架着,要么被男友扶着。

无一例外,她们都在哭。

一边哭,一边说,或者突然尖叫、大喊。几个人都控制不住她……

然后她坐到了地上,裙子在挣扎中褪到了腰部。

她东歪西倒,披头散发,嘴里念念有词。

更可怕的是,毫无征兆的,她吐了男友一身……

多么不堪!

我就在他们附近打车。看到这一幕,我真的很想冲过去,对她说:

女人，不管你心里有多么痛苦，抑或多么快乐，都请你不要把自己弄到这个地步！

这可能是一个女人最丑陋的时候了。

但我不能上去说。我心里知道，在很多年以前，我和她一样，有过很多很多次这样的不堪时刻。

正是自己经历过，我才知道，女人，你的豪饮和烂醉，换不来男人的爱意。你只是让自己一再出丑而已！

所谓的"借酒浇愁"，更是可笑的！

宿醉之后，你要承受头痛和记忆力下降，面目浮肿，喉咙疼痛。

喝酒，不会让你放松和解脱。
酒醒之后，愁更愁！

但是，酒，它是好东西。

它其实可以悦人悦己，在你知道适量的时候。

"花开半朵，酒饮微醺。"

小酌，才是最好的喝酒状态。

喝酒之前，最好吃一点儿东西垫底，尽量不要让自己喝多。

万一醉了，不要开车，要确保有人送你回家。

还是那句话，女人，尽量不要喝醉，更不要喝个烂醉！

059

小题大做

> 太爱他是一回事,而过度要求他则是另一回事。

莉莉小姐和男友约好了看电影,这个片子她期待已久了,为了买到好座位的票,她跟单位请了假,提前半个小时就赶到了影院,还买好了爆米花和可乐,满怀期待地在影院门口等男友。

眼看着离电影开演的时间越来越近,男友却一直没有出现。打电话,他说:单位有点事,耽误了一会儿,现在刚出来。莉莉的心一下就难受起来了。

已经开始检票了,她忍不住打电话给男友,男友说:还在路上,有点儿堵车,要不你先进去看吧!

莉莉更不高兴了:我要自己进去看,你何必来呢?

她沉着脸站在影院门口,电影已经开始了十分钟,男友才气喘吁吁地赶到。

他们进了电影院,故事没有看到开头,莉莉心里总觉得缺点什么,她非常不高兴地把电影看完了。

出来她就一直不说话,男友问咋了,她也不理他。

男友知道是为什么,但他不以为然:不就是少看了十分钟吗?你至于吗?

莉莉一下就来气了:早就说好的事情,我都能提前半小时到,你为什么就不能早点出来呢?

男友也来气了:我又不是故意的,是单位有事耽误了,我愿意吗?你也太小题大做了吧?!

于是两人就在街上大吵了一架,不欢而散。

这样闹,是很伤感情的。

很多事情,女人觉得生气得不得了,男人却轻描淡写:很严重吗?

容易小题大做的女人,是因为太敏感,太在乎对方了,不希望两人之间有任何问题。所以,哪怕是一件小事,她也会想很多,会责备,甚至伤害对方。

男女关系,是很脆弱的。

像这样"小题大做"的时刻多了,恋情必然出现滑坡,直到无可挽回……

所以,女人,不要小题大做,一点儿小事,天塌不下来。

太爱他是一回事,而过度要求他则是另一回事。

如果你愿意接受他的缺陷,理解他的不得已,而且能在他做错事时原谅他,你就可以感受到那些总是不断苛求的小题大做的女人感受不到的少有的平静，小小的波澜还能让你和你的爱人更加亲近。

只要他愿意承认并且改进，有什么过不去的呢？

有缺陷并不代表他就糟糕透顶了，大可不必纠结其中。

不要总是要求他先让步，在他主动向你道歉后还不依不饶。

有时候，我们自己也有可能忽略对方，自己也会迟到，也会无意之中伤害到他，不是吗？

想想同样的时刻，他是如何对你的。大多数男人都懂得包容和迁就。

为什么你不能同样宽容地对待他呢？

060

让他理解并陪你度过生理性狂躁

> 你重视了,他也会重视。男人有时候是需要教的。

这是一对情侣的对话:
"唉!过两天大姨妈又要来了……"
"是吗?那我要不要出去躲两天?"
虽然是玩笑话,但女孩的心里马上就不爽了……

"那几天"就是这样容易烦。

在你的一生中,这是要陪伴你几十年的周期性状态。
伴随着它的,是各种不便和烦躁不安。有时,还会伴随着疼痛。
很多女人会将它称为"倒霉了",因为她们一直视它为生理上的麻烦。

但是，身为女人，这是我们最重要的生命特征，就像潮水的涨落和月亮的圆缺一样，它是自然而然的，是我们孕育生命的基础。

还有很多女孩，每一次都记不住自己的生理周期，这是完全不爱自己的表现。

爱自己的女人，一定会记得自己的生理周期并记住每个阶段身体的变化。不管你是在十几岁、二十几岁，还是三十几岁、四十几岁，生理周期的状态都在不断的变化中。它真实而又美好，你所有的女性特质，都是从这里来的。它让你了解到，自己是如何一步步走向成熟的。

生理期的女人，会比较情绪化。有的女人会突然变得很亢奋，甚至精力旺盛，火气超大。有的会变得很抑郁。

这样"反常"的时刻，如果你没有跟他很好地沟通过的话，常常令男人感到有些紧张害怕。

其实你完全可以告诉他你的周期，或者作一个简短的记录，调理自己，尽量在一个固定的时间。这样，他了然于心，就不会对你突然的坏脾气感到莫名了。

最重要的是，你要告诉他，在这期间，你希望他能做些什么。

给你关心，给你宽容，给你一个热水袋，一碗红糖水，一个暖暖的拥抱，就这么简单而已。

不要觉得无所谓，觉得来了就熬过去得了。

你重视了，他也会重视。

男人有时候是需要教的。

当他学会在那几天照顾你，你不但会得到健康，也会因为有"爱"而更加有女人味。

061

很高兴为你服务,先生

> 有时候,他不是变懒了,他就是想被服务一下而已。

我在书房。

他在客厅,脚放在茶几上,眼睛盯着电视屏幕,对我大喊:

喂,你能帮我烧壶水、倒杯茶吗?

明明客厅离厨房要近一些的!

有时候,他不是变懒了,他就是想被服务一下而已。

那就满足他被服务的需求呗。

烧一壶开水,冲杯绿茶,端到他面前。

来,请喝。

谢谢!

好多时候,他就是希望有个人能帮他洗头发、掏耳朵、抓抓背,帮他准备晚餐,烧水倒茶。

我不知道别的女人怎么样,但我能从为他服务的过程中,得到一种满足感。

为他服务，也是一种付出。

付出也是一种快乐。

我有个朋友的太太是一个事业有成、眼界开阔、活泼干练的女人。有一次，朋友对我说：你知道我太太什么时候最有魅力吗？

被你训话的时候？我故意说。

不是！他连连摆手，是她一边絮絮叨叨跟孩子说话，一边叠衣服的时候。

他的太太一年有三分之一的时间在飞机上度过。当她回到家，她完全有能力请家政公司来给家庭提供服务，但她没有。因为家人和男人是有被服务的需求的，她爱他们，就会愿意亲自去做。

我先生是一个很爱美的男士，经常对着镜子照个没完。

我曾力邀他陪我去美容院，共享一张卡，但被他拒绝了。

所以，我只能在家为他提供全套的豪华spa服务。

让他躺着，给他洗脸，去角质，去黑头，按摩，做面膜，清洗耳朵，头皮和肩颈的精油指压。整个过程还配合舒适的灯光和轻柔的音乐。如此奢华用心的服务，花再多的钱在美容院也享受不到。

整个过程，我和他都尽情享受，乐在其中。

为他服务，虽然付出了心力和体力，但提供了双方爱的正能量。

今天你照顾他，明天他照顾你。

这不就是爱吗？

062

升级你们的生活

> 要做到越来越好,就需要不定期地升级你的生活。

如果你希望拥有一个不会离开的男人,那么你一定要让自己毫不松懈地变得越来越好,让他的生活因为有你也变得越来越好。

要做到越来越好,就需要不定期地升级你的生活。

如果你用心看一看,就会发现,生活中,好多事情都可以升级。

不一定非得换房子、换车。

升级你们生活的某些领域,在能力范围之内提升生活品质,就能改变平淡无奇,改善麻木和淡漠。

最简单的小事也可以升级,稍微变化一下,就会不一样:

01 — 最简单的,平时你去超市,买的都是普通的鸡蛋,今天,你可以买一点儿农场的散养鸡蛋,虽然价钱贵一点儿,但是味道真的不一样哦。

02 — 你们常年用一种牌子的牙膏,今天可以换一种新产品,每天开始之前,先来点新鲜感。

03 — 换一个新出的数码产品。

04 — 原来用牙签,现在试试牙线。

05 — 平时下馆子都是去常去的那几家,今天不妨找一家米其林三星来尝尝真正的"大厨"的手艺。

06 — 平时在家喝果汁都是罐装的,花一两百块钱买个榨汁机,每天在家喝新鲜的果汁。

07 — 平时你们都在国内旅行,这一次办个护照,出去看看。

08 — 升级你家的宽带。

09 — 改掉外出休闲就看电影的习惯,去看一场他喜欢的球赛或者听一场你喜欢的音乐会。

10 — 为自己寻找愉悦的"闲情",为两人寻求更多的休闲时间,也是升级生活的一种。

11 — 去买两件你们一直喜欢但很少买的品牌的衣服,少买几件买了也不会穿的衣服就行了。

因为生活原本就是由许多小事累积而成的。

一些鸡毛蒜皮的小事,稍微做些改动,加点儿料,就能收到很大的升级效果。

063

乐观积极的态度，可以传染给他

> 男人更喜欢和乐观大气的女人在一起。

两个选择。

当他工作不顺，回来向你诉苦的时候，你是：

1 — 也开始向他诉说你工作的不顺，怎么被同事欺压，上班路上多么不爽，上司多么苛刻。看，我比你还惨，以让他好受一些。但最后的结果可能是，你也被他带得郁闷了。

2 — 告诉他"你担心的事情，可能不会发生""其实这些都是鸡毛蒜皮的小事，明天你就不这么看了""老板对你咆哮，你就当耳边风就是了"……

不同的选择，得到的效果是不一样的。

有的女人，天生就是乐天派，她自己就从来不把一些小事当作事，所以，她的烦恼很少，即便遭遇了无常，她也不会特别失望。

如果你是一个积极向上的人，你的另一半也一定会被你传染。

乐观的女人，往往拥有健康的心态，说话也总是带着正能量：

1 — "喂！朋友，活得轻松一点！别把烦恼太当真！"

2 — "这又不是世界末日……"

3 — "这事儿会很快过去的……"

4 — "谢谢你！"

在我二十出头的时候，我很羡慕那些乐观的女人，她们总是很潇洒，走到哪里都像披着一身明亮的阳光，我也一直在努力向她们靠近。

我看了很多书，也看了很多人物访谈，我尝试模仿，不断审视和挑战自己。

这两年我逐渐懂得了：做自己很重要！

要保持自己天生的好奇心，这是探寻这个世界的动力之源。

用一颗真心对待别人，真诚地注视，大大方方地说话，诚实的笑容，结实的拥抱。

不断去尝试，做所有想做的事情，看看会怎么样，也很重要。

你经历得越多，就越能敞开胸怀，拥抱所有的可能性，用开阔的眼光看待事物。遇到不喜欢的人和事，如果它不能改变，就改变自己，接受它。

女人，由于天性使然，难免娇气造作。相对来说，男人更喜欢和乐观大气的女人在一起，因为这会让他感到特别舒坦自在。

你的乐观态度，会传染给他。

你们并肩走在一起，都挺胸抬头，脚步轻快，用愉快的声调说话，心情也不错！

两个乐观积极的人生活在一起，幸福感会加倍的。每一天，都在感受生命的美好。因为你们乐观地看世界，世界也在愉快地回应你们！

一个不会离开的男人

064

玩够了就回来

> 男人，就像长不大的孩子，永远有一颗
> 贪玩的、充满好奇的、不安定的心。

网上有好多女孩在抱怨自己的男朋友贪玩。
她们最爱拿自己跟男朋友喜欢做的那一件事来作比较：
比如，她的男友爱打篮球，她就会说：篮球都比我重要！
如果她男友爱打游戏，她会说：让他跟游戏过一辈子好啦！

男人不仅贪玩，还喜欢在外面游荡，哪怕无所事事，也不愿意回家。
两年前的一个星期天下午两点半，我接到了一个曾经的男同事的电话，他说：出来和我们按脚去呗！
我应约来到按摩院，看到曾经玩得好的几个同事都被他约出来了，大家很久不见，一边按脚一边聊天，十分开心。
我问他：你怎么周末都不在家陪老婆孩子呢？

他说：我中午出来见一个客户，跟我老婆说下午四点回家。和客户吃完饭才两点钟，我不想回家呀，所以就把你们叫出来聊天喽……

我们都笑了，笑他宁愿花钱请我们按脚，也要混足两个小时，不愿意提前回家……

当然，我们都知道，他是很爱他老婆和孩子的。

男人，就像长不大的孩子，永远有一颗贪玩的、充满好奇的、不安定的心。

他渴望有稳定的生活，却又总是想跑出去玩。

"离家出走""彻夜不归"这些令女人咬牙切齿的词语，其实是男人的心头之爱呀！

他愿意努力爱你，愿意好好营造一个家，但这并不妨碍他总是处在四处张望的状态，找好玩的东西，找他喜欢的东西。

他总是心浮气躁的，必须有一个让他痴迷的东西，不管是什么，游戏也好，运动也好，甚至是其他的女人，反正不能没有！

女人：你能少去玩吗？

男人：那太不人道了！

看吧！你爱的是一个男人，爱玩是他的天性，你抱怨他的天性有什么用呢？

不要抱怨他爱玩，你的不依不饶、吵闹不休，只会让他更不想回家，说你没情趣，不理解他。

我总是往好的地方想：爱玩的男人精力旺盛、充满活力，不会变得枯燥、乏味，这也不是坏事。

他去玩的时候,我也可以拥有自己的时间,做一些自己喜欢的事情。

当他玩累了,就会回来了。

两个人在一起,不一定要天天腻在一起,各玩各的,也挺好的。说句心里话,我希望我的男人,到了七八十岁,还仍然爱玩。

一个不会离开的男人

065

当男人焦虑时

> 共同渡过难关，也是相爱的一部分。

朱俪最近发现先生变了。

过去，他是一个快乐的人，工作努力，充满激情，每天回到家，一打开门就开始吹口哨，有时候在厨房做饭，还哼着歌。每天吃完了饭，他们就依偎在一起看电视、打游戏，尽管结婚好几年了，但还是像在热恋中……

首先发现不对劲，是他突然变得沉默了，家里再也听不见他的歌声。

然后是他的拥抱。过去，他回来，她去拥抱他，他会紧紧搂住她一会儿再放开；现在，他只是蜻蜓点水似的拍拍她的背，就松开了。

还有，他经常在睡觉的时候，辗转反侧，还叹气。朱俪问他怎么了，他不说话。

朱俪开始担心了，她最先想到的就是：他是不是有外遇了？

这个想法一旦产生,她就觉得他身上的每一点儿蛛丝马迹都挺像的,比如,他某一天脸色非常难看,她就会想:他这是累坏了吧?

她开始变得不安。

终于有一天,她忍不住了,摊牌问他。

她先生哭笑不得。

他说:我只是状态不好而已啊!

"状态不好?"

这个说法让朱俪一头雾水。

她不知道,她的先生因为巨大的工作压力已经患上了焦虑症。而这个负责任的大男人,不愿意自己的情绪影响到她,就独自承受着,不把一句怨言带回家。

低谷中的男人,显著的特点,就是沉默。

女人,有时候会忽略男人的低谷,忘掉了男人也是有情绪低潮的。在他的低潮期,他会感到深深的不安,还有疲倦。这个时候,她因为被冷落反而去折腾他,这让男人更加痛苦不堪。

朱俪开始和先生积极寻找解决的方法。

第一件事,就是去医院,找心理医生给他梳理杂乱的情绪,再开一些治疗焦虑的药物。

然后他们利用假期,去参加了一个心灵禅修的课程。在空气清新的山上住了一周。在那一周里,他们关掉手机,早睡早起,保持正点吃饭、走路,让内心的宁静和觉醒,代替了妄想和烦恼。

过去,在朱俪先生的脑子里全是:"我还应不应该继续在这个部门干下去？""这么辛苦到底是为了什么？""可是不工作，拿什么养活家人？""继续生活下去的动力是什么？""尽管工作了这么多年，还是有可能明天就被裁员，卷铺盖走人……"

现在，他想：追问那么多问题的答案毫无意义，活在"此时此刻"的安静和平常心中，才是最重要的。

堆积成山的焦虑，在妻子的陪伴和灵修之后，逐渐崩塌瓦解了……这是朱俪"正视问题"的结果。

不是每个女人在男人说"我状态不好"的时候都能理解他的。在她的眼里，男人似乎就应该永远强壮和充满力量，为她遮风挡雨。一旦他表现不对劲，她就怨恨、苦恼、指责、发泄……这样的女人是自私的，她这样做其实也会伤害到自己。

当他状态不好时，你应该：

1 — 至少在认知上，要放下你对他的"预期"。这个时候，他才是弱者，是需要帮助的人。

2 — 在情绪上安抚他。当他沮丧、痛苦、发脾气、急躁的时候，你不能对着干呀！

3 — 在行为上要积极地去做点儿什么，不能束手无策，任由情况恶化下去。

"状态不好"的男人，不会一直那样下去，而你的理解和陪伴，更加深了你们的情感。共同渡过难关，也是相爱的一部分。

066

不要假装开明

> "装开明，有时也是一种虚伪。"

静如是一个很大方开朗的女人，在跟朋友聚会的时候，有人问：你老公呢？

她就会大大咧咧地说：不知道，他玩他的，我玩我的！

朋友开玩笑说：你老公那么帅，不怕被人拐跑了吗？

静如挑挑眉毛说：不怕呀，男人管得住吗？找别的女人没关系，但是不要带回家，最好不要让我知道。做什么都行，就是不要有感情……

朋友一片哗然，连我也吓了一跳。

而静如也因为自己的"宽宏大量"感到骄傲。

在某一瞬间，我还真的相信了这是她的真心话。

这样的话，对朋友说说也还好。

可怕的是，静如跟自己的老公也这么说。

可能她最想表明的是：我是特立独行的女人，我是和其他女人不一样的哦！所以你要更加珍惜我。

有一天，静如的老公阿庆介绍了一个"红颜知己"小叶给她认识，这个女孩子是静如老公的发小，从小在一个院子里长大，刚从外地来北京工作。

为了表现自己的"大方"，静如不但请小叶吃了饭，还帮小叶找了一份工作。她还对老公说：小叶初来乍到，不容易，你要多照顾他……

于是，小叶就和静如一家"相处融洽"起来。

静如单位有不少适龄待婚男青年，她积极地给小叶安排相亲，但不知为什么不管多优秀的男人，小叶就是看不上。静如私下里对老公说：小叶的眼光可高呢！

小叶刚来北京，事业和生活难免会遇到不顺。每当她感到脆弱的时候，就会打电话给静如的老公，她并不觉得这有什么不好，因为静如是个很大方的人啊，她不会介意的，所以，她经常给阿庆打电话诉说，一讲就是一个多小时，有时候，还会约他出来坐坐。

小叶出差回来，会给静如一家带礼物。

静如有时候也会跟小叶一起去逛街。一天，她们在商场逛到了男装品牌店，小叶猛地停下来，说：这条围巾好好看，我买了送给庆哥吧……静如突然愣了一下。

还有一个星期天，静如身体不适，在家里休息，她很希望阿庆能在家好好陪她一天，但阿庆却说，要出去帮小叶搬家。

静如有点不高兴了：你能不去吗？

阿庆说：不是你说的吗？小叶一个人在北京不容易，她现在一个人搬家，没人帮忙怎么行？

说完，阿庆就急匆匆地拉开门走了。

静如一个人留在家里掉眼泪。

静如不会想到，就是在搬家那天，小叶猛地扑进了阿庆的怀抱。因为在这个又大又冷漠的城市，这个帮他搬东西、收拾屋子、浑身是汗的男人，给了她最好的安慰。她如此渴望温暖，所以就不顾一切地扑过去了。

后来的故事想来大家都知道了。故事的情节总是千篇一律，但是心痛的感觉却各有各的不同。

当亲眼撞见小叶和阿庆约会的时候，静如简直听见了自己的心裂开的声音。

她简直要发疯了，冲过去又撕又打，对着小叶连问了一百个"为什么？"

阿庆把她拉开，对她说了一句："你不是说没关系的吗？"

静如这时后悔已经来不及了。

这是她为了表现自己的"明理"所付出的代价。

事到临头，她才知道，自己没有所想所说的那样大方和坚强。

有时候，她说的一些话，看似出自内心，其实非常虚伪，她的"假装"甚至也骗到了自己。

有多傻的女人，才会让自己的老公"好好照顾"他的红颜知己呀！

离婚后的静如恢复得倒是不慢，再次跟朋友们聚会，她丝毫不忌讳跟朋友讲自己的婚姻失败了，她分析了失败的原因，其中有一点特别重要，她把它总结成了一句话送给女朋友们：

"除非你真的能做到，否则，不要装开明。"

067

有些人，过去了就是过去了

> 好好地活在当下，好好地珍惜眼前人。

我和闺密小雨聊天，她说到她有一个秘密的习惯，那就是：喜欢去看前男友的空间或者微博。

小雨已经结婚了，我们都说，她是上辈子修来的福气才找了那么一个优秀的老公。她自己也很珍惜这个姻缘，一直在努力地做一个好妻子。

但是，她说："我就是忍不住想去看看，看看他们现在在哪里，在做什么。是不是有女朋友了，如果他有了女朋友，我还会顺便去看看他女朋友的空间，看看她是个什么样的人……"

我笑着说："是不是'你若安好，就是晴天霹雳'的心理在作祟呀？"

哈哈，就是就是！小雨大笑。

这就是女人奇怪的地方，明明已经分手了，但对那个人，还是充满了好奇心。

我还听说过更可怕的女人呢，去看前男友的空间，找到了他现女友的QQ号，然后加了对方，两个女人聊得不可开交，直到前男友知情后崩溃！他悲愤地在空间留言道：为什么女人这么想"知道"？

还有的女孩，永远有丢不掉的EX情结。她总是忘不掉过去的事情，尽管有了新的恋情，她还是盼望着有一天能够和EX在街上相遇，最好那时候，她自己光彩照人，身边还挎着比EX好一百倍的男人……所以，她要是和现在的男友去逛街，就会有意无意地找一个EX也会去的地方……

我还不止一次接到过这样的咨询：前男友从国外回来了，约我见一面，就是之前处得最久的一个，要不要去见？

我的建议是：如果你珍惜现在的感情，那么，多一事不如少一事。

"看空间""期待相逢""见一面"，这些都属于女人给自己"找事儿"的做法。

过去的，就让它过去。
心里平平静静地过日子不好吗？

可能你会说，"跟前男友见面怕什么，只是见个面而已，什么都不会做的呀"，但为什么要让平静的心再起波澜呢？

好好地活在当下，好好地珍惜眼前人。
既然已经说过再见了，就不要再去说一次"你好""再见"！
相忘于江湖，不是也挺好的吗？

068

只有很少一部分事需要透彻讲理，大多数事需要糊涂和包容

> 两个人过日子，干吗这么认真较劲？

我去一个写字楼看朋友，在午餐时间，我们下楼到餐厅吃午饭，旁边坐了一桌女人，正在一边吃，一边数落男人。

女人A问："哎！你们要是两个人吵架，怎么结束啊？"

她接着说："昨天和男朋友吵架了，气不打一处来，分手的念头不断冒出来，然后一晚上没睡好觉，今天一早，等着他道歉吧，他倒像没事人一样，根本不提昨天的事情，对我的情绪似乎也没有一点儿察觉。"

她说："我特希望他做点儿表示歉意的举动，或者说两句哄我开心的话，但他就是不说！每次都这样！我心里堵得难受……哪怕他表达一下看法也好啊……"

另外一个女人B说："别！要是这个时候，他真表达一下看法，

保不齐哪句话、哪个动作又让你们爆发第二轮战争。所以你还是糊涂一点儿吧。"

女人A有些激动:"我宁愿爆发第二轮战争,也不想这么憋着!我就是想把事情掰扯清楚,到底是谁的错!这样以后才不会再次发生。而且,不管是谁对谁错,他要是能主动表个态,说:我错了。我们都自我检讨一下,这事不就很好地完结了吗?"

女人B显然年纪要大一些,她莞尔一笑,平静地说:"你是不是特希望这样的画面:他哄你,你不理他;他来抱你,你还不理他;他再来亲你,你还把他推开!直到他突然说了一句笑话,你扑哧一乐,就原谅他了……妹妹,这样的场面在电视剧里经常出现,但是,实话实说,现实生活中的夫妻,基本上没这样的!"

女人C这时候插话了:"就是啊!凭什么一吵架就要男的说我错了呢?很受用是吧?我过去也老觉得男人哄女人是天经地义的,但吵得多了,就知道'别较真'最重要,差不多彼此给个台阶下就完了!反正现在我们家不管为什么吵架,最后都是我被他说得心服口服,认为完全是自己的错……等回过神来,已经晚了……"

女人D这时候跑出来瞎出主意:"他要是跟你冷战,你就离家出走呗，自己出去玩两天，没人给他做饭，他就知道你的重要了……"

女人C淡然一笑："别傻了，你们什么时候见过女人不在家，男人饿死了？一般都是女人出去玩了，男人才逍遥自在，好吃好喝……"

她们的话音不断传到我们这一桌来，我们一边吃，一边听得津津有味。

这时，我的朋友突然来了一句："这事儿还不简单，床头吵架，床尾和呗……"

我们都笑了，纷纷点头。

男女之间，谁哄谁是更应该的呢？

真的有那么多道理掰扯吗？

说实话，男人真不是哄人的高手，吵架永远吵不过女人，哄人也永远哄不到点子上。有时候，他宁愿你直接捶他两拳解气，也不要你吊着个脸子，或者眼泪汪汪，万分不爽和委屈地看着他。

一个成熟的女人，不需要人哄。她懂得两个人在一起，就是搭伙过日子，要求就少一些。只有很少一部分事需要透彻讲理，大多数事需要糊涂和包容。

是这样的，脸色和嗓门儿制伏不了男人。如果他主动找你说话了，就已经代表他低头，可千万不要再"讲个清楚"。两个人过日子，干吗这么认真，早早翻篇儿是聪明的选择。

多包容他，你不会吃亏。

201

069

他再强，
你都不要丢掉自己的工作

> 如果当初，没有放弃……

他们在一起很多年了，

是在饭局上认识的，认识三个月才开始谈恋爱。彼此都是慎重认真的。

那个时候，他已经事业有成，有自己的公司，而她刚大学毕业，每天都要挤地铁用一个半小时去上班。北京的地铁每到高峰时期，挤得像满满当当的沙丁鱼罐头，有几次，她还差点被人推下站台。

于是他对她说：你太辛苦了，要不别去上班了，有我呢。

每一个女人听到这样的话，都会感到幸福，她也不例外。

于是，她就辞了职，专心在家做家务。有空了出去逛逛街、健健身，晚上做饭等他回来吃。

一晃几年过去了。

在这几年里，她也有过想去上班的念头，也作了尝试。但是到了新公司，面对复杂的人际关系和激烈的竞争，她又害怕了。

我这是何苦呢？反正有他呢！

又辞职回家。

后来有了儿子，她忙了好几年，倒也充实。

儿子上幼儿园那天，她一个人回到家，突然觉得家里特别安静，心里像有一个大洞，很空虚。

她又想去上班，但是，去面试，一次次失败。她知道，自己年纪大了，也落伍了。

那么就自己创业吧！

她说服先生拿出一大笔钱，投资了一个饭馆。

谁知道，饭馆开了不到半年，遇到拆迁，赔得一塌糊涂。

后来又做了两次投资，均以失败告终。

先生跟她急了，说："你就不能好好在家待着？非要把钱折腾光了？"

她觉得万分委屈，但又不知道如何开口辩解。

更让她觉得伤心的是，他出轨了，和年轻的女孩在办公室约会，被她撞见。

年轻女孩盛气凌人：把他让出来吧！他说跟我在一起，比和你在一起开心！我们在一起，可以聊到天亮，你们可以吗？

她猛然一惊，是啊，他们有多长时间没有在一起聊天了！

后来就是无尽的争吵。

一吵，吵了好几年。孩子都上初中了。

这些年，他的情人换了一个又一个。

她就是不离婚。

她不是不想离。

只是，离婚以后，该怎么办？

午夜时分，她孤枕难眠，

躺在床上看微博。

好多大学同学，如今已经事业有成，开始享受成功和生活。

她泪流满面：

如果当初，我没有放弃……

070

一颗高贵的心

> 无论何时何地,不管面对的是大人物还是小角色,流露出来的都是真情实意。

世界上漂亮的女人太多了,但真性情的女人不多见。

真性情,是"散发"出来的,不是"做"出来的。

性情,埋藏在各种各样的小事、小细节中。

你的姿态,有时候,可能只需要把腰挺直一点点。昂首阔步,绝不懒散。

服装配饰有时也会帮上忙,但不是最重要的。

轻言细语。举手投足。

悉心照料自己。

发自内心的柔美。

戴得了珠光宝气,光鲜亮丽。穿得了布衣素鞋,脚踏实地。

真性情的女人，一定会自律自制。习惯排队，不争不抢，再美味的食物当前，也知道适可而止。

不一定要所有人的目光都在她的身上，但只要她轻拢头发，总有目光被拉近一点儿。

她不骄傲，穿着礼服披肩，也会蹲下为小朋友捡起玩具。

乐于接受不同的人生观。原谅别人的失礼。

有风度，不计较。

基本不动怒。

懂得为自己疏散压力。脚步总是轻松，总有笑容。

对于流言，一笑了之。

和别人聊天，很少谈到自己，写文字，也很少写到"我"。

不需要别人提醒她有多特别。
她充满魔力和热情。
从不献媚，懂得自嘲。

无论何时何地，不管面对的是大人物还是小角色，流露出来的都是真情实意。

真性情的女人，散发的不是吸引力，而是魅力。

她有一颗高贵的心。

071

无可替代的女人

> 不要大家喜欢什么女人，
> 就去做什么样的女人。

有一个谈过很多次恋爱的男性朋友，在一次饭局时说：女人，其实都是一样的。

这话让我一惊。

后来一想，也难怪，正是因为他有这样的想法，所以他身边总是人来人往，到了四十岁，还是独身一人。

这样的男人，不在少数。在他们看来，每一个遇到的女人，都是可以替代的，所以，无须珍惜，也留不住。

但我身边，还有另外一种男人，和初恋女友结婚，或者十年前遇到一个女人，十年后还是她。他们在一起生活得很快乐、和谐、自然、默契。幸福恋情的秘诀就是：她无可替代！

要成为他眼中的"唯一",就是要做优秀的无可替代的自己。没有谁比谁谦卑,也没有谁比谁顺从。两人相知相守,而不是谁将谁占有。

一个女人,要有自己的特质。

不要大家喜欢什么女人,就去做什么样的女人。

不管长得怎么样,只要自信,就会漂亮。

知道自己的独特性在哪里,但不为此炫耀,生怕别人不知道。

一个无可替代的女人,不会刻意去取悦谁。

两个人在一起,是自然而然的愉悦。

即便有一点点笨,也很可爱。

一个无可替代的女人,既懂得充分享受相守的乐趣,又会给对方一点儿空间。

不要一次给够所有的好,要限量供应。永远保持一点神秘,让他猜测你的心意。

她了解他的性情、脾气,有时知道他在撒谎,但不会去揭穿他。

当两个人在一起,已经成为习惯。

他过得有一点儿不好,你都会难过。

彼此知悉,彼此照料。

知道人生短暂、波折,什么最重要。

无须看透风景,能有眼前人,已经足够好!

一个无可替代的女人,
会珍惜。

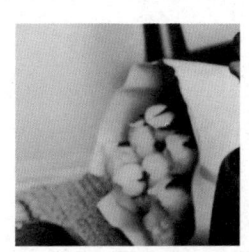

一个不会离开的男人

072

不要晒幸福

> 幸福，有时候是很脆弱的，
> 是经不起晒的。

小静喜欢晒幸福。大多数时候，她也是无心的。

男友对她很好，她虽然感到幸福，但总觉得还不够，心里总觉得要让更多的人知道，才能更幸福。

于是，她经常在办公室晾晒男友送她的礼物。

和男友吃饭，看电影，她也会拍照，把照片发到微博上去。

有时候，男友对她说的贴心话，本是属于两个人的，她也大大咧咧地敲到了网上。

久而久之，大家都知道，她找了一个好男人。

小静不知道，在她这样做的同时，其他的女孩子也对这个很会照顾女孩的男人感兴趣。

故事的结局，是一个女网友，通过小静的微博，加了她男友，一来二去，抢走了他。

小静追悔莫及呀！

她不知道，在她对同事炫耀礼物的时候，别人并不见得会感到高兴和祝福她，也许还会让人心里不舒服。等分手以后，她才发现，自己的朋友，在她热恋期间，越来越少了。

100个男人里面，有95个不喜欢你把你们的生活点滴拍成照片，晒到微博上去。要知道，晒幸福有时候只会让你自己爽，大多数人，包括你的男人，都不喜欢你这么做。

美其名曰"分享"。可是，这世上，有多少人愿意真心与你分享呢？

你的那些细枝末节，别人不会百听不厌。

大多数女人晒幸福，是天生的虚荣心作怪，希望自己被羡慕。

有的女人晒幸福，是因为过去太不幸。

还有的女人晒幸福，是想让他的前女友，或者自己的前男友看到。

幸福，有时候是很脆弱的，是经不起晒的。

世事难料，快乐的时候到处炫耀；难过的时候，找谁说呢？

分手后的小静最能体会到这一点。

她也清清楚楚明明白白地知道了：她的幸福，是被自己给晒没的！

073

帮帮忙咯

> 即便你是个聪明绝顶的女孩子,也不一定事事都要表现得强势。

有时候,男人喜欢你有求于他。

向他求助,他能有实现自我价值之感。

这种感觉和征服欲一样,是天生的。偶尔向他求助一次,既满足了他,又满足了你,何乐而不为呢?

即便你是个聪明绝顶的女孩子,也不一定事事都要表现得强势。遇到升职或者调换工作之类的大事时,去问问他,让他给你一些建议,参与你的决定。这会让他知道他对你来说,是一个重要的人。

而且,男人和女人的思维是不一样的,有些事情,听听他的意见,真的会有好处。

遇到困难,哪怕小到拧不开矿泉水瓶盖,也请他帮忙解决。他会获得一些成就感。尽管他嘴上可能会说:怎么力气小到这点儿小事都做不好？但他心里其实是喜欢这种感觉的。

给他照顾你的机会，给他帮助你的机会。

事情圆满解决之后，别忘了夸赞和感谢他！

离开一个不会的男人

074

不要假装坚强

> 你是一个女人,让他疼你吧,
> 让他抱你吧。

素素是个柔弱的女人,内心特别敏感,但是,她喜欢在男朋友面前假装开明和坚强,做出一副超级独立,什么都不在乎,"谁也伤害不了我"的样子!

直到那一天。

素素和男朋友在聚会上遇见了他的前女友。

前女友是个厉害人物,看他们一起出现,心里十分不爽,就故意上前和他说话,亦步亦趋,聊天叙旧,甚至眼泪汪汪地看着他。

这时候,素素男友做出了她意想不到的举动,他竟然把素素抛在一边,专心和前女友聊天,温言细语地帮她解答问题。

素素极力忍住心里的不满,不让自己失态,忍到了聚会散去,她才在回家的路上质问男友:你刚才为什么冷淡我?

男友的解释是:因为我怕伤害她。你看,分手以后,她一直没有男朋友。今天看到我们在一起,她心里肯定更难受,所以,我不能跟你表现得太亲热……

素素两行热泪落下来:你怕伤害她?你就没有想过这样做会不会伤害我?到底谁才是你的女朋友?

男友十分惊讶:你不是一直都很坚强吗?我以为这样对你来说根本不是个事呢。

素素这才明白,自己是一个假装坚强的傻女人。

女人,天生就是柔弱的,为什么要装强呢?

你太强势,把什么都扛在自己肩上,他久而久之也会觉得理所当然。

你是弱的,他才会心甘情愿地守护你,两个人相互扶持走过人生。
有他在你身边,你才不会害怕。
有他在,你才安心。
有他在,你才可以任性、犯懒。
男人有保护欲,你要给他发挥的机会。
不要假装坚强,想依靠的时候,就依靠过去。
想哭的时候,就哭给他看。
你不要假装独立,力争优秀和完美。那样只会让他觉得你并不那么需要他,他存不存在对你来说,无所谓。
你弱了,他才会担心你,牵挂你。你有着缺陷和需要,他才会想给你快乐和幸福。
如果什么都可以你自己来承受,那要男朋友来干吗呢?
放下你的伪装,让他疼你吧,让他抱你吧。你是一个女人,你需要他。

075

一段认真的关系

> 认真了，才会一心一意。

认真，是一个值得认真去揣摩的词语。

你认真了，才会幸福。

一段认真的关系，会让彼此像亲人一样。

熟悉对方的一切，了解他所有的缺点，并且完全能够接受。两个人之间，相互欣赏、尊重和支持，随时倾听对方的意愿和痛苦。

朝夕相处，祸福与共。

认真了，才能体会得到每一句"喜欢你"的甜蜜。

也许你过去有过无数次的恋爱，但从来没有想过要结婚，然而，一旦遇到那个让你认真了的人，你一定会想到你们的将来。

认真了，你会完全记住他喜欢吃什么，并且爱上给他买衣服、做饭。

一个对你认真的男人，会愿意吃你的剩饭。

感冒了，也愿意跟你亲嘴。

睡觉时，他老爱来挤你，你往床边挪，他又来挤你。在睡梦里，也想靠近你。

认真了，你才会不介意在他面前放响屁。

认真了，他不管调动到哪个偏远的地方，你也愿意跟着去。

认真了，他会带你去见他的父母。

认真了，会很少吵架，会经常道歉；有好事，一定会想着对方。

认真了，用钱就不分你我了。都希望好好工作，让彼此生活得更好。

认真了，你会更加注意自己的健康和安全，因为有了他。

认真了，才会敞开胸怀容纳他。

认真了，才愿意付出温情。

认真了，才会一心一意。

认真，是一种态度，更是一种责任。

它有一种魔力。

让一切如意。

076

男人最害怕的举动

> "我死给你看!"

01 - 偷偷查他的手机和电脑。
02 - 动不动"沉默流泪",在电话那边闷声不响。
03 - 一吵架就去厨房操菜刀。
04 - 男人回家晚,就等到天亮。
05 - 爱讲别人的坏话。
06 - 出门总迟到,化妆化半天。
07 - 强迫男人陪她逛街。
08 - 说风凉话。
09 - 让他一天说一百个"我爱你",不说就问个不停。
10 - 嘴硬,咄咄逼人,错了不道歉。
11 - 不尊重他的家人。
12 - 不分时间、地点打电话。
13 - 爱说"我死给你看"。

077

他还在乎我吗

> 放下纠结。

他还在乎我吗?
如果你总在纠结这个疑问,那么他很有可能有一天会如你所想。

你这样想的背后,有一个重大的原因:怕他离开你。
所以,你越在乎,越害怕,越卑微。
老去追问,患得患失,爱得很辛苦。
因为爱他,而变成自己讨厌的样子。

总是在内心呐喊:请你在乎我,请你对我好!
不管用的。

你应该自己去热爱生活,勇敢地,带着正能量,改变自己。在他不在的时候，接受孤单。

不要老是去想，他以前对我有多好，他现在怎么不这样了？两个人在一起，不能老拿过去和现在比较。与其带着怨气等待，不如起身去完善自己。

看清楚一点，做好自己。他在不在乎有什么关系？

你太在乎他，他就不太在乎你。

索性不去想了。

爱他，就让自己更好。自己更好了，才能给他更多。

做好自己该做的，给他你全部的爱，至于他回报给你多少，不要苛求，重要的是，你爱他，你愿意，不是吗？

内心的强大，是慢慢修炼出来的。

修炼，从"不做怨妇"开始。

078

男人天生爱犯错

> 能原谅，就原谅。
> 能过去，就过去。

男人天生爱犯错。
千万不要让男人对你发誓，说他会绝对忠贞。
也不要放宽条件，对他说：偷情可以，但是不要让我知道。

这件事情，不要那么紧张就可以了。
不需要电话查岗，不需要自证清白。

真正的爱，是自愿的忠贞。
你相信这份爱，就可以。

有些事情，担心是没有用的。

管也是管不住的。

如果，真有事发生，不要怒不可遏，也不要马上陷入自我否定。

事出总有因。

关系失衡了，才有问题发生。

所以，出现问题，反倒是你们反思自己、促进关系成长的良机。处理得好，能让你们的关系更加牢固；处理不好，两败俱伤。

千万不要已经知道了，还假装不知道，等他"自己回来"。万一，他玩不腻呢？

不要一出问题就要分手，不要马上去找他的父母，把这件事搞得尽人皆知。

能原谅，就原谅。

能过去，就过去。

没有不犯错的人。

重要的是，你们两个在一起，还好吗？

079

立志让自己赏心悦目

> 女人要过好日子,一定要知道自己要什么,喜欢什么,向往什么。也应该知道,自己什么样的状态,才最漂亮。

女人,一定要立志让自己好看。
随时随地,赏心悦目。
不能松懈。

女人要过好日子,一定要知道自己要什么,喜欢什么,向往什么。也应该知道,自己什么样的状态,才最漂亮。
好容貌和好男人一样,不是从天而降的。如果你的腰上长了一厘米肥肉,不立志甩掉的话,它很可能很快就变成两厘米。
要把"我希望自己变漂亮",改成"我立志让自己变漂亮"!
赏心悦目了,你整个人都会变得优雅从容。

爱漂亮的女人,永远有时间来打扮自己。这个过程也充满乐趣。

她能在有限的时间之内，让自己靓丽地出现在别人的面前。在别人眼中看到赞美，获得自我满足和快乐。

你一定要有一个熟知你的发型师。

上了一定的年纪，你还需要一家美容院。

衣橱里的衣服不一定要多，但是，一定要把它们整理得井井有条，最喜欢的那条裙子，应该伸手可得。

你要定期修眉，有各种颜色的粉底液和口红。

经过勤奋的练习，你可以做到五分钟画出精致妆容，并且包包里随时备有口红和蜜粉。

一个爱美的女人，对着镜子自己都会笑。
不爱美的女人，根本就不爱看镜子。

你要了解自己的"型"，了解自己的肤色，身材的优缺点，知道自己适合用什么味道的香水。

扔掉松垮的T恤和掉了线头的裙子。

善于用丝巾、皮带、发饰来给自己增光添彩。

永远要保持自己的包包和头发的整洁。简简单单的小事，足以告诉别人你有多爱自己，也透露出你生活的品位。

当你工作取得成绩时，给自己买一瓶香水，作为犒赏。

在周末的晚上，抛下所有的杂念，在家里专心地为自己做美容保养工程：从泡澡开始，去角质，做面膜，再自己修一下指甲。房间里点着蜡烛，放着轻柔的音乐。

美丽自己的过程，也是让自己松一口气的过程。

摘掉面膜，你不但容光焕发，还精力充沛。

立志让自己赏心悦目，好好宠爱自己。

爱美，是一种疼惜，也是一种激励。

一个不会离开的男人

080

不懒就不丑

> 没有丑女人，只有懒女人。

从早上开始。

每天早上空腹喝一杯蜂蜜水，坚持下去，会解决便秘和皮肤粗糙的问题。

然后拿出一个苹果，这是你这一天必须要吃的东西，任何时间吃它都可以，它会让你的身体更健康。

买两个柠檬回家，放在保鲜盒，再放进冰箱冷藏，每天切上一片来泡水。

多喝水，新鲜柠檬片泡的水能让你的皮肤更加白净。

用牙线清洁牙齿，去除口腔里的异味。

每天都要擦防晒霜和护手霜。

定期修眉，能让你看起来眉清目秀。

用洁面油洗脸，去黑头的效果好过洗面奶。

保持头发的清洁和蓬松，不管你是什么发型，都会好看。

少喝饮料，它们是发胖的根源。

如果上火了，喝点菊花茶。

每天踮起脚尖挺直腰背靠墙站立十五分钟，这是提升身姿的好办法，身姿挺拔了，气质会变好，人会马上年轻五岁。

经常给自己做做眼保健操，对着镜子练习凝视。眼睛有了神韵，看东西会更专注，人也会变得更有魅力。

每天晚上贴一片面膜，不要偷懒，坚持下去，会有奇效。想漂亮，一定不要懒。

如果想减肥，就要做到每天下午五点以后不吃饭，八点以后不喝水。做到以后，会减得很快。

卧室里挂一个深色的窗帘，遮蔽光线，好好地、深沉地睡一觉。以上的几点都做到了，但是不好好睡觉，效果会大打折扣。

如果你的牙不好看，会大大影响形象，不妨用一两年时间做个牙套妹。拆掉牙套以后，你会有惊喜的发现！

当然，别忘记：好心情，也是最好的美容药！

081

恋爱记事本

> 用心珍惜所拥有的时光,惬意与温柔。

打扫房间的时候,我找出了好多本子。

小碎花、牛皮纸、旅行者笔记、MUJI记事本,散落在房间的每个角落。本子和我一起生活,它们熟悉我。

逛小店,看到好看的本子就走不动道了。

我最喜欢用白纸本,没有任何的线条。

不要太白的纸,最好是旧旧的,泛黄的。

用铅笔,或者用黑色的中性细笔在白纸本上写字,会发现自己的字比过去写得好了。

单身的时候,用它们来写日记、记账。大多数好的本子,都用来记一些好的句子。有的用来画画、做速写本、抄手机短信、做读书笔记,有的只用来摆在那里看、抚摸。或者送给一个恋本的朋友,还有很多，就是放着，等它纸张变黄，仍舍不得在上面写一个字。

恋爱以后，就用来乱写乱画，你一句，我一句。留言，传达心意，或者吵架了在上面骂人，不知不觉，也写满了整整一本。

笔尖记下故事。

那些日子，谁也无法带走。

人生苦短。

两个人相遇相爱不容易。

所以，两个人在一起生活，就更应该敞开心胸接受各种带来快乐、刺激和启发的人与事物，放松自己，尽情欢乐，过多姿多彩的生活。

所以，我们还有一个生活任务记事本，在日期后面依次写下需要完成的任务，从主要到次要。做了这些事，梦想会具体化。

它就是随身携带的"梦想"，可以随时检查。完成了就划掉一步，没完成就继续努力。

记事本除了记录玩乐，还可以是减肥和养生的计划本。

一本子的计划，都快完成了，生活真的发生了令人惊喜的变化……

082

两个人，
以温柔优雅的态度生活

> 你有什么样的态度，就有什么样的生活。

- ⊙ 别羡慕别人，也有人想成为你。

- ⊙ 不要期待人人都喜欢你，别在意他们怎么看你。

- ⊙ 及时享用你所拥有的时间。

- ⊙ 不要处心积虑，一切顺其自然。

- ⊙ 不要过分关心自己，把心向整个世界敞开。

- ⊙ 沉默是金。

- 最好的年龄，永远是现在。

- 生活的真相是平凡。

- 珍惜与你爱的人相处的时光。

- 一个再平凡不过的人，在自己的房间里，也可以当上国王。

- 何以解忧，唯有工作。

- 勤能补拙。

- 你所要为之努力的，不应该是给别人看的那些。

- 放任恶习，它就会变成自然。

- 一心一意做好当前的事。

- 让自己的需求适可而止，就能活得轻松自由。

- 和快乐的人交往，你也会变得快乐。

- 多看到别人的优点，就会有很多人喜欢上你。

- 换位思考，最能解决烦恼。

- 别人没有你想象得那么快乐,你也没有你自己想象得那么糟糕。

- 只要持续努力,运气就会变好。

- 不要为还没发生的事情痛苦。

- 相由心生,好好关照自己的内心。

- 宽容与忍耐,这是修养。

- 慢下来,生活才更有意思。

- 感受幸福,而不是比较得来。

- 没有过不去的事情。

083

别怕，柴米油盐不会埋葬你

> 要知道，真没有几个人过得了"不俗气"的生活！

过去，我对"婚姻"二字，也嗤之以鼻。

我现在过得好好的，为什么要结婚？

那个时候，我认为，几千年的婚姻制度是违反人性的，人的天性是喜新厌旧，怎么可能心甘情愿接受约束和一个人走到最后？

我那时觉得不结婚的生活也很好啊。自己的收入完全可以让自己过上自由自在的生活。想去哪里，就去哪里，没有人管。如果是为了传宗接代，不是还有好多女人不结婚，也通过医学手段有了自己的孩子吗？

我努力在博客里炫耀单身生活，写自己对婚姻的不屑，好像自己很牛一样。

但是呢？

只有自己知道孤独的滋味。

说真的，谁不希望有个伴呢？

说一千道一万，其实是害怕。
害怕什么呢？
害怕被柴米油盐的生活所湮没！

直到那个对的人来了，
我才知道：
婚姻，不会埋葬爱情；
柴米油盐，更不会埋葬你的生活。

比如此时此刻，我切好了菜，焖好了米饭，打好了鸡蛋，然后拉上厨房门，坐在饭桌前打开电脑，继续工作，等先生回来，他一回来，就开炒。这样的生活安静美好，在家工作和家庭主妇两不误。

选择生活，是需要智慧的。
选择了一个对的人，他能尊重你，理解你。结婚，只会让你的生活更加充实自在。
婚姻生活，不像我过去想得那么俗气。它是两个人相依相伴、分享共担、心平气和地过日子。

要知道，真没有几个人过得了"不俗气"的生活！

所以，女人，不要轻视婚姻，不要害怕，更不要刻意拒绝婚姻。
遇到那个对的人，就赶紧嫁吧！
千万不要以为，下一个会更好。
千万不要让自己从苛求到渴求。

084

一辈子对你好

> 为你，我要锻炼好自己的身体，
> 因为这是我们长久关系的保证！

爱最早是从吸引开始的。

最动听的情话，不是我爱你，而是一辈子对你好。

一个会最终留在你生命里的人，不一定是最漂亮最强大的，但他一定是最懂你的。两个人同呼吸共命运，因为有他的存在，所以特别有归属感。

因为有对方，自己感觉在慢慢变化、成长，变成了一个更包容的人。

一辈子照顾对方的衣食住行。
一辈子陪在你的身边。

无论何时，只要你有想法和感觉要说，他一定会认真聆听。

不管发生什么冲突，一定不会生气到第二天。

了解对方的衣衫鞋帽的尺寸。知道你最喜欢吃什么，并且知道它们随时在变化。

为你，我要锻炼好自己的身体，因为这是我们长久关系的保证！

互相赞许，互相感激。

陪你吃苦，分享快乐，一起寻找人生的价值。

两个人轻轻松松走过了五年，就能轻轻松松走过十年。快快乐乐走过了十年，一起过上三十年就没有问题。

我爱的是你，不管你是什么样子。

一辈子对你好，一起慢慢变老。

085

爱你的与众不同

> 不同，并不是坏事。

刚开始恋爱的时候，我们喜欢的就是对方的与众不同。

相处久了，他身上一些独特的地方，渐渐会被你忽略，甚至变成缺点，让人难以忍受。

比如，他很喜欢打篮球，在家里看电视，也是喜欢看篮球直播。刚开始，这是她最喜欢他的地方。因为他喜欢运动，所以浑身充满了活力。

但是结婚以后，她开始抱怨他对篮球的痴迷。因为每个周末，他都会去训练或者打比赛，把她一个人扔在家里。而且，只要打开电视，永远都在体育频道……

假期的时候，她希望去海边度假，而他想去爬山。

看电影，她想看轻松的喜剧，他却想看打打闹闹的警匪片。

别的男人都有那么几件正装，而她给他买的正装，他从来不穿，衣柜里永远是各种颜色的T恤……

"尽管在一起生活了那么长时间,但发现我们的差距还是那么大。他为什么就不愿意为我作出一点改变呢?"她很苦恼。

这个问题的答案是:不需要改变,你只需要接受!并且尝试喜欢他的与众不同。

不同,并不是坏事。

如果他事事、处处都和你一样,那么你不就等于和自己过了一辈子吗?有什么意思呢?

不同,让你们的生活充满生机和活力。

你要接纳他身上独有的品质,也要保持自己身上的独特之处。

了解和完全接受他喜欢什么,不喜欢什么;了解他的个性、梦想。

虽然你不喜欢他打篮球,但是你总希望他能快乐生活吧?不妨去球场上看看他奔跑弹跳、满头大汗的样子,他那么尽兴,你有什么不能接受的呢?

周末如果他陪不了你,你就不要在家干等着,出去找找自己喜欢的事情做呗,学个瑜伽,上个乐器课,或者也去球场打打羽毛球,游游泳。找到一个释放自己激情的渠道,哪里还顾得上埋怨他呢?

086

分享彼此家庭的往事

> 你的故事，我的故事，我们的故事。

空闲的时候，我喜欢和先生一起看他的家庭老相册。

从他出生的照片开始，翻到他掉牙、穿着小凉鞋、裤兜里装满大白兔的童年照，再翻到骑自行车的少年，抱着吉他弹唱，在海里扑腾的年轻人……

然后听他讲他过去的故事。

小时候，他的爷爷奶奶喜欢给他轻轻抓背，哄他睡觉。

他还喜欢含一颗糖在嘴里睡觉。

小时候和小朋友商量走路去老城找亲戚，迷路了，被好心人带到了派出所。

他的父亲对他管教严格，但又喜欢带着他去用簸箕盖麻雀。

他们的家，在这个城市曾经搬过好几个地方。他父亲自己做了一块小菜板，用了几十年。他家小院里，曾经有过一棵杏树，还有葡萄树，那葡萄个儿大汁甜，特别好吃。

他养过一只大黑贝。因为它，他每天放学不再贪玩，就想回家看看他的大狗。后来大狗死了，他号啕大哭，爸爸匆忙从单位赶回家来安慰他。

他还抓过蛇，偷偷养在衣柜里，幸好母亲从来没有发现。

奶奶过世，是他最伤心的一天。

后来他成立乐队，去北京发展，生活极苦。母亲去北京看他，见他和朋友睡在木板床上，每天熬粥吃素方便面，母亲两行热泪夺眶而出……

这些故事，百听不厌。

有时，我也给他讲讲我的。

了解他的家庭往事，也是了解他的价值观和对待生活的方式。

毕竟曾经有二十几年的时间，我们一南一北，在不同环境里，受着不同的教育，有着不同的人生经历。现在，两个人碰到了，一起生活，难道不想知道，喂，你以前什么样吗？

谈论家庭和过往的生活，分享宝贵的人生经历，有助于更加了解和欣赏对方。彼此和平相处，更加相爱。

人生，其实就是：你的故事，我的故事，我们的故事。

087

共同的计划

> 这些计划让我们的每一天都
> 充满希望和活力。

两个人在一起，不但要分享彼此的梦想，还要有一些具体的计划。
生一个孩子，买一个房子，养一个宠物，或者春天去旅行……
生活，就是由一个个这样的计划组成的。
计划，就是现实。一个个现实的计划，就是你们美好的未来。

不敢想象，没有计划和梦想的生活。
计划，会让两个人的生活更加安全和稳固。
两个人的共同意愿成为一个目标时，未来，是值得期待的。

计划，让两个人相互扶持，共同承担。
比如，要买一个房子，两个人就要一起努力挣钱，一起还贷。
计划一起创业的话，就要承担一定的风险。

当我决定和他一起生活以后,我们也在不断地计划和实现计划的过程当中。
　　我们计划装修房子,已经实现,搬了进去。
　　计划买一辆车,也已经实现。
　　我们决定去全球的著名海岛旅行,目前,已经去了三个……
　　我们还决定一起去高空跳伞,目前正在筹划当中。
　　计划要一个孩子……
　　计划一起学习钢琴。

　　我们都很清楚,只要我们愿意在一起生活,这些计划一定会慢慢地一个个实现。
　　这些计划让我们的每一天都充满希望和活力。
　　还有那么多梦想没有实现,生活,怎么会烦呢?

088

我愿意为你付出

> 爱，是付出。

我曾采访过一对老夫妻，他们已经走过了金婚。在那次采访中，他们面带微笑，一起回忆走过的几十年，不时目光相对，不时给对方温柔的赞许。从他们的眼神里，我不但看到了幸福，还看到了坚定。

在整理采访录音的时候，我发现，他们说得最多的一个词是：感激！

感激对方的包容，感激对方的付出，感激对方的陪伴……

老头子还说了一句特别令人感动的话：**爱，其实就是——我愿意为你付出！**

把采访录音摘录如下：

"当你真正爱一个人的时候，你的心里是不会再有对未来的不安和恐惧的。因为从此以后，你不再是一个人，有另外一个人，他愿意跟你一起分担。"

"认认真真地和你在一起,踏踏实实地过好每一天。就算吵架,也从来没有想过要分开。"

"两个人在一起,要诚恳。日子再苦,也不要埋怨。只要努力,生活就会更好。"

"爱,其实就是——我愿意为你付出!"

"看着她快乐,我也快乐。"

"一辈子其实很短,根本不够,下辈子还要在一起……"

089

"认真交往"还是"逢场作戏"

> 他早晚有一天会想要定下来的。

别以为男人都花心贪玩，其实，再可恨的花花公子，他也在寻找自己的终身伴侣。

很多女孩子抱怨，她的男友总是令人琢磨不透，好的时候黏得不行，甜言蜜语灌满耳朵，但第二天就可能开始"冷暴力"，或者劈腿爱上别的女人。让人搞不懂，又不甘心放弃。她们找不到原因为之苦恼的时候，我特别想提醒一句：你找的他是不是太年轻了？

要知道，年轻的男人，都是"逢场作戏"的高手。

年纪轻轻，谁愿意定下来呢？自然是不放过任何一个恋爱的机会，满足自己的征服欲和好奇心，即便这个过程充满了谎言和心狠。

有些善良的男人也会逢场作戏，天性使然，没有办法。

不要埋怨这样的男人，他只是需要时间。

时间，会让一个男人变的。
总有一天，他会开始想要"认真交往"。

刚开始，他最在乎你的外貌，你穿的什么裙子，戴的什么项链，做的什么指甲。当他想跟你长相厮守的时候，刚才那些就不是最重要的了，相对于你的发型如何，他更看重你的个性和价值观。

如果你想找一个踏实的终身伴侣，建议你找一个比自己大五岁以上的男人，年龄最好在三十岁以上。这个年龄段的男人，开始慢慢不再贪玩，他在慢慢收心，想要找一个可以和他"定下来"的女人。

所以，不要去抱怨你那只想追求短暂恋情的男友。
你们只是相遇的时间不对而已。
扪心自问，眼前这个只有二十五岁的男人要是向你求婚，你敢答应吗？
他需要经历。
他早晚有一天会想要定下来的。
也只有经历过很多以后，他才知道：
谁才是值得他珍惜一辈子的女人。

那么现在该怎么办呢？
要么你等他。
要么你换人。

090

爱情的样子

> 有人说，爱情不存在，
> 因为它没有样子。

首先爱情不是人们想的那样，是两个人的事情。它实际上是一个人的事情，另一个人，只是陪伴而已。领悟了这一点，爱，就不会带来痛。

爱情的最好模样是两个普通得不能再普通的两个字：合适。

不勉强，没奢求。

合适就是最好的。

不要对"门当户对"嗤之以鼻。

有时候，它指的是：相似的成长经历带来的相同的爱情观和价值观。这一点，会带来平等与尊重，很重要。

最好的爱情，不需要伪装，用最真实的自己，面对最真实的他，一起最真实地生活。

　　温暖地，细水长流地，过日子。

　　两个人，有话可说，愿意倾听。

　　在有限的人生里，分享快乐的事。

　　在恰当的时机，遇见对的人。

　　一切刚刚好。

　　他所经历的一切苦难，都是为了修炼这颗包容之心。

　　容忍你所有的缺点与过错。

　　不必多言，就知道你在想什么。

　　不论距离多远，心在一起。

　　两个人，既彼此做伴，又各自自由。

　　在一起时，开心；分开时，安心。

　　经历了烈火激情，进入到平淡似水。

　　经历考验和波折，也要坚定地在一起。

　　善始，善终。

　　不离，不弃。

　　这就是爱情的样子。

　　你心里相信，就会看见它。

图书在版编目（ＣＩＰ）数据

一个不会离开的男人 / 韩梅梅著.—长春：北方妇女儿童出版社，2014.2
ISBN 978-7-5385-8035-8

Ⅰ.①一… Ⅱ.①韩… Ⅲ.①爱情－通俗读物 Ⅳ.①C913.1-49

中国版本图书馆CIP数据核字（2013）第285772号

一个不会离开的男人

作　者	韩梅梅
出版人	刘　刚
策　划	师晓晖
责任编辑	金敬梅
开　本	889mm×1194mm　1/32
字　数	198千字
印　张	8.25
版　次	2014年2月第1版
印　次	2014年2月第1次印刷

出　版	北方妇女儿童出版社
发　行	北方妇女儿童出版社
地　址	长春市人民大街4646号
	邮编：130021
电　话	总编办：0431-85644803
	发行科：0431-85640624
网　址	http://www.bfes.cn
印　刷	廊坊市兰新雅彩印有限公司

ISBN 978-7-5385-8035-8　　定价：32.80元

版权所有 侵权必究 举报电话：0431-85644803
如发现图书质量问题，可联系调换。质量投诉电话：010-82069336